www.tredition.de

Uwe Andreas Michelsen

Notengebung

Handreichung zur Objektivierung

www.tredition.de

© 2017 Uwe Andreas Michelsen

Verlag und Druck: tredition GmbH, Halenreie 40-44, 22359 Hamburg

ISBN
Paperback: 978-3-7469-3030-5
Hardcover: 978-3-7469-3031-2
e-Book: 978-3-7469-3032-9

Inhalt

Vorwort

Die Frage der Leistungsbeurteilung mit Schulnoten wird durchaus kontrovers diskutiert. Für manche sind Leistungsmessungen kinderfeindliche, antireformpädagogische Kontrollmechanismen zur Disziplinierung von Schülern. Vordergründig wird dies bestätigt durch eine Vielzahl fehleranfälliger Lehrerurteile. Dazu gehören unter anderem Erwartungseffekte, ausgelöst durch persönliche Vorlieben, Abneigungen oder soziale Vorurteile, implizite Persönlichkeitstheorien, sich selbst erfüllende Prophezeiungen und der sog. Hof- bzw. Ausstrahlungseffekt (vgl. z. B. Ingenkamp 1971). Die Kritik an der schulischen Leistungsbeurteilung findet zusätzlichen Rückhalt in unterschiedlichen bildungspolitischen Schwerpunktsetzungen der einzelnen Bundesländer. So beträgt die Summe der bis zum Abitur mindestens einzubringenden Kursnoten in Bremen 32, in Brandenburg hingegen 42, der Anteil der Abiturnoten von 1,0 bis 1,9 in Niedersachsen 17, in Thüringen 38,7 %, ganz abgesehen von den unterschiedlichen Prüfungsbedingungen in den einzelnen Bundesländern (vgl. Olbrisch, Miriam 2017, S. 19). Dessen ungeachtet werden die unter sehr verschiedenen Bedingungen erworbenen Abiturnoten bei der Zulassung zu den mit einem Numerus clausus versehenen Studienfächern, das sind bundesweit derzeit 42 % aller Studiengänge, gleichbehandelt. (vgl. Marx, Uwe 2017, S. C 1). Dennoch müssen Lehrende Schüler und Schülerinnen beurteilen; sie können sich dieser Aufgabe nicht entziehen. Umso größer sollte das Bemühen um eine von subjektiven Einflüssen freie, also möglichst objektive Beurteilung sein.

Für leistungsorientiert eingestellte Pädagogen bedeutet Leistung die Manifestation eines menschlichen Grundbedürfnisses, eine Möglichkeit der individuellen Selbstverwirklichung (vgl. z. B. Weinert 2002, S. 18). Wenn es stimmt, dass schulorganisatorische Maßnahmen im Vergleich zur Verbesserung der Unterrichtsqualität relativ unwirksam sind (vgl. Weinert 2002, S. 77) und dass möglichst objektiv gestaltete Testergebnisse nicht nur die Leistungsbeurteilung der Schülerinnen und Schüler verbessern, sondern auch eine vom subjektiven Urteil der Lehrenden unabhängige Evaluation des Unterrichts erlauben, können insbesondere normorientierte Tests zur Verbesserung der Unterrichtsqualität beitragen. Hinzu kommt, dass diese den Lehrkräften ermöglichen, die Leistungen ihrer Schüler über den Rahmen der eigenen Klasse hinaus zutreffend einzuschätzen (vgl. Schrader u.a. 2007, S.54f.). In einem zumindest eingeschränkten Maße, wenn die Leistungen der Schülerinnen und Schüler durch die Vergabe von dem Schwierigkeitsgrad der gestellten Aufgaben entsprechenden Punktwerten gemessen werden können (vgl. Michelsen u.a. 1991), mögen die nachfolgenden Handreichungen zu einer Verbesserung der Notengebung beitragen.

1 Konzeption

In Testnormen müssen, in normorientierten Prüfungsverfahren sollten die von den Probanden erreichten Punktwerte normalverteilt sein, dem sog. Grading on the curve folgen. Im Schulalltag gilt es, ein Instrument bereitzustellen, mit dessen Hilfe ohne großen Aufwand festgestellt werden kann, ob eine Normalverteilung vorliegt oder nicht. Für die Größe von Schulklassen gibt der Shapiro-Wilk-Test hierüber zuverlässig Auskunft. Obwohl es sehr aufwendig ist, ihn manuell durchzuführen, wird dem an empirisch-statistischen Methoden interessierten Leser das hierbei zu vollziehende Vorgehen beispielhaft gezeigt (vgl. S. 5 ff.). In der Schulpraxis genügt es, sich der Web-Version des Shapiro-Wilk-Testes [1] zu bedienen. In diesem Zusammenhang sei auch auf den Schnelltest nach David verwiesen (vgl. S. 16), der hinreichend genau unterscheidet, ob die von den Probanden erreichten Punktwerte x normalverteilt sind oder nicht. Wenn sie normalverteilt sind, kann – zum Beispiel mit Hilfe eines programmierbaren Taschenrechners – das arithmetrische Mittel $\bar{x}$ und dessen Standardabweichung σ berechnet und für jeden Probanden die Prüfgröße $z = (x - \bar{x}) : \sigma$ gebildet werden. Danach entscheiden die Prüfenden, zu welcher Variante der Notenskalen (vgl. S.19 f.) sie die einzelnen z-Werte zur Notenfindung zuordnen. Diese Entscheidung treffen

---

[1] www.sdittami.altervista.org/shapirotest/ShapiroTest.html; aufgerufen am 18.10.2017.

Vorgehen bei der Notengebung

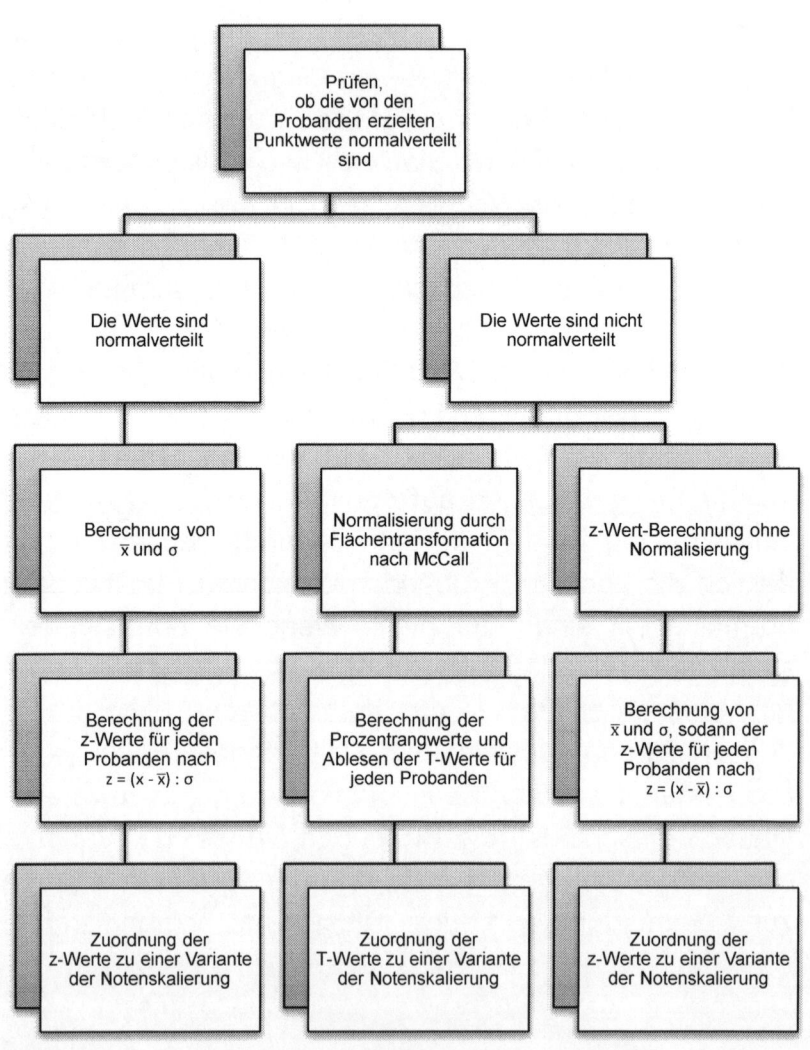

die Lehrenden; denn hinsichtlich ihres methodischen Vorgehens handeln sie „frei". Dennoch kann es sinnvoll sein, zum Beispiel Variante 2 der Notenskalen (vgl. S. 27) auszuwählen, mit der in standardisierten Schultests gearbeitet wird, um die Leistungen der Schüler über den Rahmen der eigenen Klasse hinaus zutreffend einschätzen zu können. Darüber hinaus eröffnet die Anleitung zum Erstellen eigener normorientierter Tests auf den Seiten 102ff. die Möglichkeit, schulklassen- evtl. auch schulformübergreifende Testformen zu kreieren.

Nichtnormal verteilte Daten können durch eine Flächentransformation normalisiert, d.h. in eine Normalverteilung überführt werden. Bei der Flächentransformation werden die Histogrammsäulen der Punktwertverteilung so verändert, dass die einzelnen Säulen entsprechend ihrer Höhe der Normalverteilung angepasst werden; hinsichtlich der Flächentreue – daher die Bezeichnung Flächentransformation – bleiben die jeweiligen Flächenanteile der Normalverteilung dabei unverändert. Hierbei wird drei Schritten gefolgt: Zunächst wird für jeden Probanden der ihm zukommende Prozentrang – ob nämlich die von ihm im Test erreichte Punktzahl gleich oder höher ist als die seiner Mitschüler – berechnet (vgl. S. 22). In der T-Wert-Tabelle (vgl. S. 73 ff.) kann nunmehr der auf diesen Probanden entfallende T-Wert abgelesen und, nach Auswahl einer Variante der Notenskalen (vgl. S. 23), die entsprechende Note vergeben werden. Die Notenskalen 1 – 10 (vgl. S. 26 ff.) verdeutlichen, dass die T-Werte – im Gegensatz zu den Prozentrangskalen – gleiche Skalenabstände haben; das heißt, die mögliche Unzulänglichkeit des Prüfungsverfahrens bei Vorliegen einer deutlich schiefen Verteilung wird dadurch geglättet.

Werden die Punktwerte der Probanden direkt, ohne die Normalisierung über eine Flächentransformation, in Standardwerte z (vgl. S. 24) oder T umgewandelt, bleibt diese Transformation linear [2], denn die z- oder T-Transformation ändert nichts an der Form der Verteilung, lediglich der Mittelwert und die Standardabweichung werden verändert; d.h. Asymmetrien der Punktwertverteilungen bleiben in den Standardwertverteilungen erhalten. Auch dies kann für Lehrerinnen und Lehrer beim Leistungsvergleich ihrer Probanden durchaus von Interesse sein. Inwieweit die Leistungen der Probanden dann von den normorientierten Messverfahren abweichen, kann mit Hilfe des Pearsonschen Schiefemaßes auf Seite 113 problemlos festgestellt werden.

---

[2] Das arithmetische Mittel der die Notengrenzen kennzeichnenden T-Werte der Varianten 1 – 10 der Notenskalen (vgl. S. 26 – 37) beträgt stets $T = 50$.

2 Prozedere mit Normalverteilung

2.1 Prüfung der Punktwerte auf Normalverteilung

2.1.1 Shapiro-Wilk-Test

Der von Samuel Sanford Shapiro und Martin Wilk entwickelte Test mit höchster Güte dient zur Überprüfung der Hypothese, dass eine univariate Stichprobe aus einer normalverteilten Grundgesamtheit entnommen wurde. Seine vergleichsweise hohe Teststärke, insbesondere bei kleineren Stichproben mit $3 < N < 50$, erklärt seine Beliebtheit als Vortest dafür, dass die Daten die Normalitätsannahme weiterführender statistischer Verfahren nicht verletzen. Für die an der Notengebung beteiligten Lehrerinnen und Lehrer gibt es ohne viel Aufwand und rasch zu Ergebnissen führende Web-Versionen des Shapiro-Wilk-Testes. Obwohl der Test rechenaufwendig und manuell zeitraubend durchführbar ist, werden die zu vollziehenden Rechengänge den an statistischen Verfahren interessierten Lesern hier beispielhaft gezeigt:

Wir gehen aus von einer Schulklasse mit $N = 30$ Schülern, die in einer Klausur maximal 30 Punkte hätten erwerben können.,

1. Dokumentation der Punktwerte

11, 3, 6, 11, 9, 12, 10, 14, 3, 17, 10, 11, 9, 10, 10, 12, 6, 17, 14, 10 11, 6, 12, 10, 9, 12, 10, 20, 14, 10 mit $\sigma = 3{,}73$.

5

2. Der Größe nach aufsteigende Gruppierung der Punkt-werte

3, 3, 6, 6, 6, 9, 9, 9, 10, 10, 10, 10, 10, 10, 10, 10, 11, 11, 11, 11, 12, 12, 12, 12, 14, 14, 14, 17, 17, 20.

3. Paarweise Bildung der Differenzen

Es wird der erste kleinste von dem letzten größten, sodann der zweite kleinere von dem vorletzten größeren, danach der dritte kleinere von dem vorvorletzten größeren Wert ... subtrahiert, bis alle Datenpaare erschöpft sind. Bei unge-rader Probandenzahl N werden nur $(N - 1) : 2$ Datenpaare berücksichtigt. Die Datenpaare lauten:

$20 - 3 = 17$, $17 - 3 = 14$, $17 - 6 = 11$, $14 - 6 = 8$, $14 - 6 = 8$, $14 - 9 = 5$, $12 - 9 = 3$, $12 - 9 = 3$, $12 - 10 = 2$, $12 - 10 = 2$, $11 - 10 = 1$, $11 - 10 = 1$, $11 - 10 = 1$, $11 - 10 = 1$, $10 - 10 = 0$.

4. Multiplikation der Ergebnisse mit den für N = 30 zuge-hörigen Koeffizienten (vgl. die Tabelle auf S. 10)

$17 \cdot 0{,}4254 = 7{,}2318$, $14 \cdot 0{,}2944 = 4{,}1216$,
$11 \cdot 0{,}2487 = 2{,}7357$, $8 \cdot 0{,}2148 = 1{,}7184$,

6

8 · 0,1870 = 1,4960, 5 · 0,1630 = 0,8150,
3 · 0,1415 = 0,4245, 3 · 0,1219 = 0,3657,
2 · 0,1036 = 0,2027, 2 · 0,0862 = 0,1724,
1 · 0,0697 = 0,0697, 1 · 0,0537 = 0,0537,
1 · 0,0381 = 0,0381, 1 · 0,0227 = 0,0227,
0 · 0,0076 = 0.

5. Addition der Ergebnisse

7,2318 + 4,1216 + 2,7357 + 1,7184 + 1,4960 +0,8150 +
0,4245 + 0,3657 + 0,2027 + 0,1724 + 0,0697 + 0,0537 +
0,0381 + 0,0227 = 19,4725 = b → b^2 = 379,1782563.

6. Berechnung des W-Wertes

$$W = \frac{b^2}{(N-1) \cdot \sigma^2} = \frac{379,1782563}{29 \cdot 3,73^2} = 0,94.$$

Dieser Wert wird durch die Web-Version des Shapiro-Wilk-Testes bestätigt (www.sdittami.altervista.org/shapirotest/Shapiro-Test.html):

7

N = 30,

$\bar{x}$ = 10,6333333333333333,

σ = 3,7276537257168316,

W = 0,9409667923524168.

7. Vergleich von W mit dem kritischen Wert $W\alpha$

Die kritischen Werte $W\alpha$ für N = 30 ergeben sich zu

$W\alpha(0,01)$ = 0,900 und $W\alpha(0,05)$ = 0,927 (vgl. die Tabelle auf S 14).

Da W = 0,941 > $W\alpha$ (0,01) = 0,900 und $W\alpha$ (0,05) = 0,927, wird angenommen, dass die Stichprobe einer normalverteilten Grundgesamtheit entstammt:

W > $W\alpha$ → Normalverteilung der Grundgesamtheit

W ≤ $W\alpha$ → keine Normalverteilung der Grundgesamtheit

Koeffizienten für den Shapiro-Wilk-Test auf Normalität

Koeffizient	Zahl der Messwerte				
	2	3	4	5	6
1.	0,7071	0,7071	0,6872	0,6646	0,6431
2.	-	-	0,1677	0,2413	0,2806
3.	-	-	-	-	0,0875

Koeffizient	7	8	9	10	11
1.	0,6233	0,6052	0,5888	0,5739	0,5601
2.	0,3031	0,3164	0,3244	0,3291	0,3315
3.	0,1401	0,1743	0,1976	0,2141	0,2260
4.	-	0,0561	0,0947	0,1224	0,1429
5.	-	-	-	0,0399	0,0695

Koeffizient	12	13	14	15	16
1.	0,5475	0,5359	0,5251	0,5150	0,5056
2.	0,3325	0,3325	0,3318	0,3306	0,3290
3.	0,2347	0,2412	0,2460	0,2495	0,2521
4.	0,1586	0,1707	0,1802	0,1878	0,1939
5.	0,0922	0,1099	0,1240	0,1353	0,1447
6.	0,0303	0,0539	0,0727	0,0880	0,1005
7.	-	-	0,0240	0,0433	0,0593
8.	-	-	-	-	0,0196

Koeffizient	17	18	19	20	21
1.	0,4968	0,4886	0,4808	0,4734	0,4643
2.	0,3273	0,3253	0,3232	0,3211	0,3185
3.	0,2540	0,2553	0,2561	0,2565	0,2578
4.	0,1988	0,2027	0,2059	0,2085	0,2119
5.	0,1524	0,1587	0,1641	0,1686	0,1736
6.	0,1109	0,1197	0,1271	0,1334	0,1399
7.	0,0725	0,0837	0,0932	0,1013	0,1092
8.	0,0359	0,0496	0,0612	0,0711	0,0804
9.	-	0,0163	0,0303	0,0422	0,0530
10.	-	-	-	0,0140	0,0263

Koeffizient	Zahl der Messwerte				
	22	23	24	25	26
1.	0,4590	0,4542	0,4493	0,4450	0,4407
2.	0,3156	0,3126	0,3098	0,3069	0,3043
3.	0,2571	0,2563	0,2554	0,2543	0,2533
4.	0,2131	0,2139	0,2145	0,2148	0,2151
5.	0,1764	0,1787	0,1807	0,1825	0,1836
6.	0,1443	0,1480	0,1512	0,1539	0,1563
7.	0,1150	0,1201	0,1245	0,1283	0,1316
8.	0,0878	0,0941	0,0997	0,1046	0,1089
9.	0,0618	0,0696	0,0764	0,0823	0,0876
10.	0,0368	0,0459	0,0539	0,0610	0,0672
11.	0,0122	0,0228	0,0321	0,0403	0,0476
12.		-	0,0107	0,0200	0,0284
13.	-	-	-	-	0,0094

Koeffizient	Zahl der Messwerte				
	27	28	29	30	31
1.	0,4366	0,4328	0,4291	0,4254	0,4220
2.	0,3018	0,2992	0,2968	0,2944	0,2921
3.	0,2522	0,2510	0,2499	0,2487	0,2475
4.	0,2152	0,2151	0,2150	0,2148	0,2145
5.	0,1848	0,1857	0,1864	0,1870	0,1874
6.	0,1584	0,1601	0,1616	0,1630	0,1641
7.	0,1346	0,1372	0,1395	0,1415	0,1433
8.	0,1128	0,1162	0,1192	0,1219	0,1243
9.	0,0923	0,0965	0,1002	0,1036	0,1066
10.	0,0728	0,0778	0,0822	0,0862	0,0899
11.	0,0540	0,0598	0,0650	0,0697	0,0739
12.	0,0358	0,0424	0,0483	0,0537	0,0585
13	0,0178	0,0253	0,0320	0,0381	0,0435
14.	-	0,0084	0,0159	0,0227	0,0289
15.	-	-	-	0,0076	0,0144

Koeffizient	Zahl der Messwerte				
	32	33	34	35	36
1.	0,4188	0,4156	0,4127	0,4096	0,4068
2.	0,2898	0,2876	0,2854	0,2834	0,2813
3.	0,2463	0,2451	0,2439	0,2427	0,2415
4.	0,2141	0,2137	0,2132	0,2127	0,2121
5.	0,1878	0,1880	0,1882	0,1883	0,1883
6.	0,1651	0,1660	0,1667	0,1673	0,1678
7.	0,1449	0,1463	0,1475	0,1487	0,1496
8.	0,1265	0,1284	0,1301	0,1317	0,1331
9.	0,1093	0,1118	0,1140	0,1160	0,1179
10.	0,0931	0,0961	0,0988	0,1013	0,1036
11.	0,0777	0,0812	0,0844	0,0873	0,0900
12.	0,0629	0,0669	0,0706	0,0739	0,0770
13.	0,0485	0,0530	0,0572	0,0610	0,0645
14.	0,0344	0,0395	0,0441	0,0484	0,0523
15.	0,0206	0,0262	0,0314	0,0361	0,0404
16.	0,0068	0,0131	0,0187	0,0239	0,0287
17.	-	-	0,0062	0,0119	0,0172
18.	-	-	-	-	0,0057

Koeffizient	Zahl der Messwerte				
	37	38	39	40	41
1.	0,4040	0,4015		0,3964	0,3940
2.	0,2794	0,2774	0,2755	0,2737	0,2719
3.	0,2403	0,2391	0,2380	0,2368	0,2357
4.	0,2116	0,2110	0,2104	0,2098	0,2091
5.	0,1883	0,1881	0,1880	0,1878	0,1876
6.	0,1683	0,1686	0,1689	0,1691	0,1693
7.	0,1505	0,1513	0,1520	0,1526	0,1531
8.	0,1344	0,1356	0,1366	0,1376	0,1384
9.	0,1196	0,1211	0,1225	0,1237	0,1249
10.	0,1056	0,1075	0,1092	0,1108	0,1123
11.	0,0924	0,0947	0,0967	0,0986	0,1004
12.	0,0798	0,0824	0,0848	0,0870	0,0891
13.	0,0677	0,0706	0,0733	0,0759	0,0782

Koeffizient	Zahl der Messwerte				
	37	38	39	40	41
14.	0,0559	0,0592	0,0622	0,0651	0,0677
15.	0,0444	0,0481	0,0515	0,0546	0,0575
16.	0,0331	0,0372	0,0409	0,0444	0,0476
17.	0,0220	0,0264	0,0305	0,0343	0,0379
18.	0,0110	0,0158	0,0203	0,0244	0,0283
19.	-	0,0053	0,0101	0,0146	0,0188
20.	-	-	-	0,0049	0,0094

Koeffizient	Zahl der Messwerte				
	42	43	44	45	46
1.	0,3917	0,3894	0,3872	0,3850	0,3830
2.	0,2701	0,2684	0,2667	0,2651	0,2635
3.	0,2345	0,2334	0,2323	0,2313	0,2302
4.	0,2085	0,2078	0,2072	0,2065	0,2058
5.	0,1874	0,1871	0,1868	0,1865	0,1862
6.	0,1694	0,1695	0,1695	0,1695	0,1695
7.	0,1535	0,1539	0,1542	0,1545	0,1548
8.	0,1392	0,1398	0,1405	0,1410	0,1415
9.	0,1259	0,1269	0,1278	0,1286	0,1293
10.	0,1136	0,1149	0,1160	0,1170	0,1180
11.	0,1020	0,1035	0,1049	0,1062	0,1073
12.	0,0909	0,0927	0,0943	0,0959	0,0972
13.	0,0804	0,0824	0,0842	0,0860	0,0876
14.	0,0701	0,0724	0,0745	0,0765	0,0783
15.	0,0602	0,0628	0,0651	0,0673	0,0694
16.	0,0506	0,0534	0,0560	0,0584	0,0607
17.	0,0411	0,0442	0471	0,0497	0,0522
18.	0,0318	0,0352	0,0383	0,0412	0,0439
19.	0,0227	0,0263	0,0296	0,0328	0,0357
20.	0,0136	0,0175	0,0211	0,0245	0,0277
21.	0,0045	0,0087	0,0126	0,0163	0,0197
22.	-	-	0,0042	0,0081	0,0118
23.	-	-	-	-	0,0039

Koeffizient	Zahl der Messwerte			
	47	48	49	50
1.	0,3808	0,3789	0,3770	0,3751
2.	0,2620	0,2604	0,2589	0,2574
3.	0,2291	0,2281	0,2271	0,2260
4.	0,2052	0,2045	0,2038	0,2032
5.	0,1859	0,1855	0,1851	0,1847
6.	0,1695	0,1693	0,1692	0,1691
7.	0,1550	0,1551	0,1553	0,1554
8.	0,1420	0,1423	0,1427	0,1430
9.	0,1300	0,1306	0,1312	0,1317
10.	0,1189	0,1197	0,1205	0,1212
11.	0,1085	0,1095	0,1105	0,1113
12.	0,0986	0,0998	0,1010	0,1020
13.	0,0892	0,0906	0,0919	0,0932
14.	0,0801	0,0817	0,0832	0,0846
15.	0,0713	0,0731	0,0748	0,0764
16.	0,0628	0,0648	0,0667	0,0685
17.	0,0546	0,0568	0,0588	0.0608
18.	0,0465	0,0489	0,0511	0,0532
19.	0,0385	0,0411	0,0436	0,0459
20.	0,0307	0,0335	0,0361	0,0386
21.	0,0229	0,0259	0,0288	0,0314
22.	0,0153	0,0185	0,0215	0,0244
23.	0,0076	0,0111	0,0143	0,0174
24.	-	0,0037	0,0071	0,0104
25.	-	-	-	0,0035

Kritische Grenzen des W-Wertes Wα

Zahl n der Messwerte	α = 0,01	α = 0,05	α = 0,10	α = 0,50
3	0,753	0,767	0,789	0,959
4	0,678	0,748	0,792	0,935
5	0,686	0,762	0,806	0,927
6	0,713	0,788	0,826	0,927
7	0,730	0,803	0,838	0,928
8	0,749	0,818	0,851	0,932
9	0,764	0,829	0,859	0,935
10	0,781	0,842	0,869	0,938
11	0,792	0,850	0,876	0,9040
12	0,805	0,859	0,883	0,943
13	0,814	0,866	0,889	0,945
14	0,825	0,874	0,895	0,947
15	0,835	0,881	0,901	0,950
16	0,844	0,887	0,906	0,952
17	0,851	0,892	0,910	0,954
18	0,858	0,897	0,914	0,956
19	0,863	0,901	0,917	0,957
20	0,868	0,905	0,920	0,959
21	0,873	0,908	0,923	0,960
22	0,878	0,911	0,926	0,961
23	0,881	0,914	0,928	0,962
24	0,884	0,916	0,930	0,963
25	0,888	0,918	0,931	0,964
26	0,891	0,920	0,933	0,965
27	0,894	0,923	0,935	0,965
28	0,896	0,924	0,936	0,966
29	0,898	0,926	0,937	0,966
30	0,900	0,927	0,939	0,967
31	0,902	0,929	0,940	0,967
32	0,904	0,930	0,941	0,968
33	0,906	0,931	0,942	0,968
34	0,908	0,933	0,943	0,969
35	0,910	0,934	0,944	0,969
36	0,912	0,935	0,945	0,970

Kritische Grenzen des W-Wertes Wα

Zahl n der Messwerte	$\alpha = 0,01$	$\alpha = 0,05$	$\alpha = 0,10$	$\alpha = 0,50$
37	0,914	0,936	0,946	0,970
38	0,916	0,938	0,947	0,971
39	0,917	0,939	0,9480	0,971
40	0,919	0,940	0,949	0,972
41	0,920	0,941	0,950	0,972
42	0,922	0,942	0,951	0,972
43	0,923	0,943	0,951	0,973
44	0,924	0,944	0,952	0,973
45	0,926	0,945	0,953	0,973
46	0,927	0,945	0,953	0,974
47	0,928	0,946	0,954	0,974
48	0,929	0,947	0,954	0,974
49	0,929	0,947	0,955	0,974
50	0,930	0,947	0,955	0,974

Neben solch leistungsstarkem Auswertungsverfahren, das zuverlässig Auskunft darüber gibt, ob eine Messreihe normalverteilt ist oder nicht, ist man zuweilen daran interessiert, mit möglichst geringem Arbeitsaufwand zu testen, ob bei einer gegebenen Messreihe zu einer Variablen x eine Normalverteilung vorliegt. Ein Verfahren zur schnellen Prüfung einer Stichprobe auf Nicht-Normalität stammt von David. [3]

---

[3] Vgl. David et al. 1954, S. 482 – 493, Pearson and Stephens 1964, p. 486, table 3 und Sachs 1973, S. 253 f.

2.1.2   Schnelltest nach David

Wir gehen wiederum von N = 30 Schülern aus, die in einer Klausur folgende Punktwerte erreicht haben:

11, 3, 6, 11, 9, 12, 10, 14, 3, 17, 10, 11, 9, 10, 10, 12, 6, 17, 14, 10 11, 6, 12, 10, 9, 12, 10, 20, 14, 10

und berechnen $\sigma = 3{,}73$.

Als Prüfgröße dient der Quotient

$$G = \frac{\text{Spannweite}}{\text{Standardabweichung}} = \frac{R}{\sigma} = \frac{x_{max} - x_{min}}{\sigma}$$

$$\frac{x_{max} - x_{min}}{\sigma} = \frac{20 - 3}{3{,}73} = 4{,}57.$$

G liegt für N = 30 und einem Signifikanzniveau von 90% [4] *innerhalb* des unteren und oberen Schwellenwertes der nachfolgenden Tabelle (vgl. S. 17). Deshalb kann, in Über-

---

[4] Soll eine Entscheidung über die Anwendung oder Nicht-Anwendung parametrischer Verfahren gefällt werden, so ist eine Irrtumswahrscheinlichkeit von 10% zu bevorzugen. Vgl. Sachs 1973, S. 253.

16

einstimmung mit dem Test nach Shapiro-Wilk, von einer Normalverteilung ausgegangen werden.

Prüfgrößen zum Schnelltest nach David		
Stichprobengröße N	Unterer Schwellenwert	Oberer Schwellenwert
3	1,78	2,00
4	2,04	2,41
5	2,22	2,71
6	2,37	2,95
7	2,49	3,14
8	2,54	3,31
9	2,68	3,45
10	2,76	3,57
11	2,84	3,68
12	2,90	3,78
13	2,96	3,87
14	3,02	3,95
15	3,07	4,02
16	3,12	4,09
17	3,17	4,15
18	3,21	4,21
19	3,25	4,27
20	3,29	4,32
25	3,45	4,53
30	3,59	4,70
35	3,70	4,84
40	3,79	4,96
45	3,88	5,06
50	3,95	5,14

2.2 Berechnung der z-Werte für jeden Probanden

Anzahl der Probanden	Erzielter Punkt-wert x	$z = \dfrac{x - \bar{x}}{\sigma}$
1	20	$2{,}51 = \dfrac{20 - 10{,}63}{3{,}73}$
2	17	1,71
3	14	0,90
4	12	0,37
4	11	0,10
8	10	- 0,17
3	9	- 0,44
3	6	- 1,24
2	3	- 2,05

N = 30 $\bar{x} = 10{,}6$ $\sigma = 3{,}73$

2.2.1 Zuordnung zu einer Variante der Notenskalen

$z = \dfrac{x - \bar{x}}{\sigma}$	Varianten der Notenskalen					
	1	2	3	4	5	6
	Noten					
2,51	1	1	1	1	1	1
1,71	1 - 2	1	1	1	1	1 - 2
0,90	2 - 3	2	2	2	2	2
0,37	3	3	3	3	3	2 - 3
0,10	3 - 4	3	3	3	3	3
- 0,17	3 - 4	3	4	4	4	3
- 0,44	3 - 4	3	4	4	4	3 - 4
- 1,24	4 - 5	4	4	5	5	4
- 2,05	5 - 6	5	5	6	6	5

$z = \dfrac{x - \bar{x}}{\sigma}$	Varianten der Notenskalen					
	7	8	9	10	11 [5]	12
	Noten					
2,51	1	1	1	1	1	1
1,71	2	1	1	1	2	2
0,90	2 - 3	2	2	2	3	3
0,37	3	3	3	3	3	4
0,10	3 - 4	3	3	3	3	4
- 0,17	3 - 4	3	3	4	4	4
- 0,44	4	4	3	4	4	5
- 1,24	4 - 5	4	4	5	5	5
- 2,05	5 - 6	5	5	6	5	6

---

[5] Vgl. S. 26 – 47. Bei den dort aufgeführten Varianten 11 und 12 handelt es sich nicht um ein Messen nach dem Grading on the curve.

Erläuterung zu den Varianten der Notenskalen:

Variante 1 - 3	Standard scores with **ten** categories: Sten
4	6-fach skalierte Schulnoten nach Lienert
5	Standard scores with **six** categories: Stasix
6	Standard scores with **nine** categories: Stanine
7	C-Skala nach Guilford
8	5-fach skalierte Schulnoten nach Kelley
9	5-stufige Standardschulnoten nach Lienert
10	6-stufige Standardschulnoten nach Lienert
11	Lineare Notenskala
12	100-Punkte-Schlüssel der IHKs und HWKs

Auffällig ist die strenge Benotung mit Variante 12, dem 100-Punkte-Schlüssel der Industrie- und Handelskammern und der Handwerkskammern, die gegenüber Variante 6 für den Wert $z = 0,37$ um bis zu anderthalb Notenstufen höher liegt (vgl. S. 19)

3 Prozedere ohne Normalverteilung

3.1 Prüfung der Punktwerte auf Normalverteilung

3.1.1 Shapiro-Wilk-Test

Die aufsteigend sortierten von den Probanden erreichten Punktwerte lauten:

2, 2, 2, 4, 4, 4, 4, 4, 4, 7, 8, 8, 8, 14, 14, 14, 14, 14, 22, 22, 22, 28, 28, 28, 28, 28.

Mit dem Ergebnis der Web-Version des Shapiro-Wilk-Testes erhalten wir:

$N = 26$
$\bar{X} = 12{,}9615384615385,$
$\sigma = 9{,}66014811162135,$
$W = 0{,}84979836701485.$

Da der kritische Wert $W\alpha$ für $N = 26$ mit 0,89 ($\alpha = 0{,}01$) und 0,92 ($\alpha = 0{,}05$) größer als $W = 0{,}85$ ist, liegt keine Normalverteilung vor (vgl. S. 8 und die Tabelle auf S. 14).

3.1.2 Schnelltest nach David

Wir gehen wiederum von $N = 26$ Schülern aus, die in einer Klausur in aufsteigender Reihenfolge die Punktwerte 2, 2,

2, 4, 4, 4, 4, 4, 4, 7, 8, 8, 8, 14, 14, 14, 14, 14, 22, 22, 22,
28, 28, 28, 28, 28 erreicht haben und berechnen σ = 9,66.

Mit $G = \dfrac{R}{\sigma} = \dfrac{28-2}{9,66} = 2,07$ und N = 26 erkennen wir, dass
der G-Wert *nicht* innerhalb der Prüfgrößen des Schnell-
tests nach David (vgl. S. 17) liegt, weshalb nicht von einer
Normalverteilung auszugehen ist. Deshalb wird jedem
Probanden, wie nachfolgend beschrieben, der jeweilige
Prozentrangplatz nebst T-Wert zugeordnet.

3.2 Normalisierung durch Flächentransformation

3.2.1 Berechnung der Prozentrangplätze

Probanden mit Punktwert P	Häufigkeit f	Cum $_f$	Prozentrang (%) = 100 · (cum $_f$: N)	T [6]
28	5	26	100,0	97,5
22	3	21	80,8	58,7
14	5	18	69,2	55,0
8	3	13	50,0	50,0
7	1	10	38,5	47,1
4	6	9	34,6	46,0
2	3	3	11,5	38,0

---

[6] Vgl. die Tabelle der T-Werte mit den Prozenträngen und den zugehörigen
z-Werten im Anhang auf S 73 ff.

3.2.2 Zuordnung zu einer Variante der Notenskalen

Erreich-ter T-Wert	Varianten der Notenskalen [7]					
	1	2	3	4	5	6
	Noten					
97,5	1	1	1	1	1	1
58,7	2 - 3	2	2	2	2	2
55,0	2 - 3	2	2	3	3	2 - 3
50,0	3	3	3	3	3	3
47,1	3 - 4	3	3	4	4	3 - 4
46,0	3 - 4	3	3	4	4	3 - 4
38,0	4 - 5	4	4	5	5	4

Erreich-ter T-Wert	Varianten der Notenskalen					
	7	8	9	10	11 [8]	12
	Noten					
97,5	1	1	1	1	1	1
58,7	2 - 3	2	2	2	2	3
55,0	3	2	3	3	4	4
50,0	3 - 4	3	3	4	5	6
47,1	4	3	3	4	5	6
46,0	4	3	3	4	5	6
38,0	4 - 5	4	4	5	6	6

---

[7] Zur Erläuterung der Notenskalen vgl. S 20.

[8] Bei den Varianten 11 und 12 handelt es sich nicht um ein Messen nach dem Grading on the curve. Auffällig ist die strenge Benotung mit Variante 11 und 12 der Notenskalen, dem 100-Punkte-Schlüssel.

3.3   z-Wert-Berechnung ohne Normalisierung

3.3.1 Berechnung der z-Werte für jeden Probanden

Anzahl der Probanden	Erzielter Punkt-wert x	$z = \dfrac{x - \bar{x}}{\sigma}$
5	28	$1{,}56 = \dfrac{28 - 12{,}96}{9{,}66}$
3	22	0,94
5	14	0,11
3	8	- 0,54
1	7	- 0,62
6	4	- 0,93
3	2	- 1,13

$$N = 26 \qquad \bar{x} = 12{,}96 \qquad \sigma = 9{,}66$$

Das Pearsonsche Schiefemaß dieser Verteilung beträgt – 0,168. Demnach liegt eine leicht linksschiefe bzw. rechtssteile Verteilung vor, weshalb die Probanden etwas mehr gute als schlechte Noten erhalten (vgl. S. 113).

3.3.2 Zuordnung zu einer Variante der Notenskalen

$z = \dfrac{x - \bar{x}}{\sigma}$	Varianten der Notenskalen [9]					
	1	2	3	4	5	6
	Noten					
1,56	1 - 2	1	1	1 - 2	1	1 - 2
0,94	2 - 3	2	2	2	2	2
0,11	3	3	3	3	3	3
- 0,54	4	4	4	4	3	3 - 4
- 0,62	4	4	4	4	4	3 - 4
- 0,93	4	4	4	5	5	4
- 1,13	4 - 5	4	4	5	5	4

$z = \dfrac{x - \bar{x}}{\sigma}$	Varianten der Notenskalen					
	7	8	9	10	11 [10]	12
	Noten					
1,56	2	1	1	1 - 2	1	1
0,94	2 - 3	2	2	2	2	3
0,11	3 - 4	3	3	3	4	4
- 0,54	4	4	4	4	5	6
- 0,62	4	4	4	4	5	6
- 0,93	4 - 5	4	4	4	5	6
- 1,13	4 - 5	4	4	5	6	6

---

[9] Zur Erläuterung der Notenskalen siehe S. 20.
[10] Bei den Varianten 11 und 12 handelt es sich nicht um ein Messen nach dem Grading on the curve.

Ergebnisse für die normalisierten und nicht normalisierten
Daten werden auf S. 48 ff. diskutiert.

4 Varianten der Notenskalen

Beziehung zwischen Sten, z-, T-Werten und Prozenträngen

(Variante 1 der Notenskalen)

Sten-Wert [11]	1	2	3	4	5	6	7	8	9	10
Schulnoten	5-6	5	4-5	4	3-4	3	2-3	2	1-2	1
Häufigkeit in %	2	5	9	15	19	19	15	9	5	2
z-Werte	-2	-1,5	-1	-0,5	0	0,5	1	1,5	2	
T-Werte	30	35	40	45	50	55	60	65	70	
Prozentrang	2	7	16	31	50	69	84	93	98	

---

[11] Sten: Abkürzung für **S**tandard scores with **ten** categories.

Beziehung zwischen 5-fach skalierten Schulnoten, den Sten-, z- und T-Werten sowie den Prozenträngen in standardisierten Schultests

(Variante 2 der Notenskalen)

Sten-Wert	1 - 3	4	5 - 6	7	8 - 10
Schulnoten	**5**	**4**	**3**	**2**	**1**
Häufigkeit in %	16	15	38	15	16
z-Werte	-2 -1,5 -1 -0,5 0 0,5 1 1,5 2				
T-Werte	30 35 40 45 50 55 60 65 70				
Prozent-rang	2 7 16 31 50 69 84 93 98				

Sten-Wert	1 + 2	3 + 4	5 + 6	7 + 8	9 + 10
Schul-noten [12]	5	4	3	2	1
Häufigkeit in %	7	24	38	24	7
z-Werte		-1,5	-0,5	0,5	1,5
T-Werte		35	45	55	65
Prozent-rang		7	31	69	93

---

[12] Vgl. Lienert 1987, S. 46.

```
┌─────────────────────────────────────────────────────────────┐
│                                                             │
│     Beziehung zwischen den 6-fach skalierten Schulnoten      │
│        den z- und T-Werten sowie den Prozenträngen           │
│                                                             │
│              (Variante 4 der Notenskalen)                    │
│                                                             │
└─────────────────────────────────────────────────────────────┘
```

Schul-noten [13]	6	5	4	3	2	1
Häufigkeit in %	5	16	29	29	16	5
z-Werte	-1,6	- 0,8	0	0,8	1,6	
T-Werte	34	42	50	58	66	
Prozent-rang	6	21	50	79	95	

---

[13] Vgl. Lienert 1987, S. 47. Variante 4 der Notenskalen entspricht der Variante 10 auf S. 37 ff. mit der Schulnote SN = 3,5 – 1,25 z.

29

Beziehung zwischen den 6-fach skalierten Schulnoten der Stasix-Skala [14], den z- und T-Werten sowie den Prozenträngen

(Variante 5 der Notenskalen)

Schulnoten	6	5	4	3	2	1
Häufigkeit in %	9	16	25	25	16	9
z-Werte	-1,34	-0,67	0	0,67	1,34	
T-Werte	37	43	50	57	63	
Prozent-rang	10	24	50	76	90	

---

[14] Stasix: Abkürzung für **Standard** Scores with **six** categories.

Leistungsbeurteilung mittels der Beziehung zwischen den Stanine-, den z- und T-Werten sowie den Prozenträngen

(Variante 6 der Notenskalen)

Stanines [15]	1	2	3	4	5	6	7	8	9
Schulnoten	5	4-5	4	3-4	3	2-3	2	1-2	1
Häufigkeit in %	4	7	12	17	20	17	12	7	4
z-Werte	-1,75	-1,25	-0,75	-0,25	0,25	0,75	1,25	1,75	
T-Werte	32,5	37,5	42,5	47,5	52,5	57,5	62,5	67,5	
Prozentrang	4	11	23	40	60	77	89	96	

Stanine-Wert	Beschreibung der Leistung	Stanine-Wert	Beschreibung der Leistung
9	äußerst hoch	4	unterer Durchschnitt
8	sehr hoch	3	niedrig
7	hoch	2	sehr niedrig
6	oberer Durchschnitt	1	äußerst niedrig
5	Durchschnitt		

---

[15] Stanine: Abkürzung für **Sta**ndard scores with **nine** categories. Vgl. auch Schelten 1997, S. 68.

```
┌─────────────────────────────────────────────────────────┐
│   Beziehung zwischen den 6-fach skalierten Schulnoten,   │
│   den Dezil-, z- und T-Werten sowie den Prozenträngen    │
│                                                          │
│            (Variante 7 der Notenskalen)                  │
└─────────────────────────────────────────────────────────┘
```

Dezil-Wert [16]	0	1	2	3	4	5	6	7	8	9	10
Schulnoten	6	5-6	5	4-5	4	3-4	3	2-3	2	1-2	1
Häufigkeit in %	1	3	7	12	17	20	17	12	7	3	1
z-Werte	-2,25	-1,75	-1,25	-0,75	-0,25	0,25	0,75	1,25	1,75	2,25	
T-Werte	28	33	38	43	48	53	58	63	68	73	
Prozentrang	1	5	12	24	42	62	79	90	96	99	

---

[16] C-Skala nach Guilford 1954, S. 346. Siehe auch Lienert 1987, S. 42.

Beziehung zwischen 5-fach skalierten Schulnoten, der Skalierung nach Kelley [17], den z- und T-Werten sowie den Prozenträngen

(Variante 8 der Notenskalen)

Schulnoten	**5**	**4**	**3**	**2**	**1**
Häufigkeit in %	10	23,3	33,3	23,3	10
z-Werte		-1,28	-0,43	0,43	1,28	
T-Werte		35	45	55	65	
Prozent-rang		7	31	69	93	

---

[17] Vgl. Kelley 1950, S. 488 ff., zitiert in Wendeler 1976, S. 88.

Die fünfstufige Notenskala
mit Standardnoten nach Lienert [18]

Standardschulnote = 3 − z

(Variante 9 der Notenskalen)

T-Wert	%-Rang	z-Wert	Schul-noten	Leistung
80	99,9	3,0		
79	99,8	2,9		
78	99,7	2,8		
77	99,7	2,7		
76	99,5	2,6		
75	99,4	2,5		
74	99,2	2,4		
73	98,9	2,3		sehr gut
72	98,6	2,2		
71	98,2	2,1		
70	97,5	2,0	1,0	
69	97,1	1,9		
68	96,4	1,8		
67	95,5	1,7		
66	94,5	1,6		

[18] Vgl. Lienert 1987, S. 329.

T-Wert	%-Rang	z-Wert	Schul-noten	Leistung
65	93,3	1,5	1,5	gut
64	91,9	1,4		
63	90,3	1,3		
62	88,5	1,2		
61	86,4	1,1		
60	84,1	1,0	2,0	überdurchschnittlich
59	81,6	0,9		
58	78,8	0,8		
57	75,8	0,7		
56	72,6	0,6		
55	69,1	0,5	2,5	durchschnittlich
54	65,5	0,4		
53	61,8	0,3		
52	57,8	0,2		
51	54,0	0,1		
50	50,0	0,0	3,0	
49	46,0	- 0,1		
48	42,1	- 0,2		
47	38,2	- 0,3		
46	34,5	- 0,4		
45	30,9	- 0,5	3,5	unterdurchschnittlich
44	27,4	- 0,6		
43	24,2	- 0,7		
42	21,2	- 0,8		
41	18,4	- 0,9		
40	15,9	- 1,0	4,0	
39	13,6	- 1,1		schwach
38	11,5	- 1,2		

T-Wert	%-Rang	z-Wert	Schulnoten	Leistung
37	9,7	- 1,3		
36	8,1	- 1,4		schwach
35	6,7	- 1,5	4,5	
34	5,5	- 1,6		
33	4,5	- 1,7		
32	3,6	- 1,8		
31	2,9	- 1,9		
30	2,3	- 2,0	5,0	
29	1,8	- 2,1		
28	1,4	- 2,2		
27	1,1	- 2,3		sehr schwach
26	0,8	- 2,4		
25	0,6	- 2,5	5,5	
24	0,5	- 2,6		
23	0,4	- 2,7		
22	0,3	- 2,8		
21	0,2	- 2,9		
20	0,1	- 3,0	6	

Prozentanteil der Noten:

Note	1	2	3	4	5
%	7	24	38	24	7

Die sechsstufige Notenskala
mit Standardnoten nach Lienert [19]

Standardschulnote = 3,5 − 1,25 z

(Variante 10 der Notenskalen)

T-Wert	%-Rang	z-Wert	Schul-note	Leistung
80	99,9	3,0		
79	99,8	2,9		
78	99,7	2,8		
77	99,7	2,7		
76	99,5	2,6		
75	99,4	2,5		
74	99,2	2,4		
73	98,9	2,3		sehr gut
72	98,6	2,2		
71	98,2	2,1		
70	97,5	2,0	1,0	
69	97,1	1,9		
68	96,4	1,8		
67	95,5	1,7		
66	94,5	1,6	1,5	gut

---

[19] Vgl. Lienert 1987, S. 329. Variante 10 der Notenskalen entspricht der Variante 4 der Notenskalen auf S. 29.

T-Wert	%-Rang	z-Wert	Schul-note	Leistung
65	93,3	1,5	1,5	gut
64	91,9	1,4		
63	90,3	1,3		
62	88,5	1,2	2,0	überdurchschnittlich
61	86,4	1,1		
60	84,1	1,0		
59	81,6	0,9		
58	78,8	0,8	2,5	durchschnittlich
57	75,8	0,7		
56	72,6	0,6		
55	69,1	0,5		
54	65,5	0,4	3,0	
53	61,8	0,3		
52	57,8	0,2		
51	54,0	0,1		
50	50,0	0,0	3,5	
49	46,0	- 0,1		unterdurchschnittlich
48	42,1	- 0,2		
47	38,2	- 0,3		
46	34,5	- 0,4	4,0	
45	30,9	- 0,5		schwach
44	27,4	- 0,6		
43	24,2	- 0,7		
42	21,2	- 0,8		
41	18,4	- 0,9		
40	15,9	- 1,0	4,5	
39	13,6	- 1,1		sehr schwach
38	11,5	- 1,2	5,0	

T-Wert	%-Rang	z-Wert	Schul-note	Leistung
37	9,7	- 1,3		
36	8,1	- 1,4		
35	6,7	- 1,5		
34	5,5	- 1,6	5,5	
33	4,5	- 1,7		
32	3,6	- 1,8		
31	2,9	- 1,9		
30	2,3	- 2,0	6,0	
29	1,8	- 2,1		
28	1,4	- 2,2		sehr schwach
27	1,1	- 2,3		
26	0,8	- 2,4		
25	0,6	- 2,5		
24	0,5	- 2,6		
23	0,4	- 2,7		
22	0,3	- 2,8		
21	0,2	- 2,9		
20	0,1	- 3,0		

Prozentanteil der Noten:

Note	1	2	3	4	5	6
%	5	16	29	29	16	5

Benotung mit Hilfe des Verhältnisses
von erreichtem zu maximal möglichem Punktwert

$$\text{Schulnote} = 6 - 5 \cdot \frac{\text{erreichter Punktwert}}{\text{maximaler Punktwert}}$$

(Variante 11 einer linearen Notenskala) [20]

Beispiel für die maximale Punktzahl 20:

Erreichter Punktwert	Schulnote	Erreichter Punktwert	Schulnote
1	5,8	11	3,3
2	5,5	12	3,0
3	5,3	13	2,8
4	5,0	14	2,5
5	4,8	15	2,3
6	4,5	16	2,0
7	4,3	17	1,8
8	4,0	18	1,5
9	3,8	19	1,3
10	3,5	20	1,0

---

[20] Gebräuchlich, aber nicht dem Grading on the curve zuzurechnen, sind die Varianten 11 und 12 der Notenskalen.

Schulnoten in Abhängigkeit vom Verhältnis der erbrachten zur maximal möglichen Leistung in %

= 0,05 · (100 – erreichter Prozentwert) + 1

Prozent	Note	Prozent	Note	Prozent	Note
0	6,00	22	4,90	44	3,80
1	5,95	23	4,85	45	3,75
2	5,90	24	4,80	46	3,70
3	5,85	25	4,75	47	3,65
4	5,80	26	4,70	48	3,60
5	5,75	27	4,65	49	3,55
6	5,70	28	4,60	50	3,50
7	5,65	29	4,55	51	3,45
8	5,60	30	4,50	52	3,40
9	5,55	31	4,45	53	3,35
10	5,50	32	4,40	54	3,30
11	5,45	33	4,35	55	3,25
12	5,40	34	4,30	56	3,20
13	5,35	35	4,25	57	3,15
14	5,30	36	4,20	58	3,10
15	5,25	37	4,15	59	3,05
16	5,20	38	4,10	60	3,00
17	5,15	39	4,05	61	2,95
18	5,10	40	4,00	62	2,90
19	5,05	41	3,95	63	2,85
20	5,00	42	3,90	64	2,80
21	4,95	43	3,85	65	2,75

Prozent	Note	Prozent	Note	Prozent	Note
66	2,70	78	2,10	90	1,50
67	2,65	79	2,05	91	1,45
68	2,60	80	2,00	92	1,40
69	2,55	81	1,95	93	1,35
70	2,50	82	1,90	94	1,30
71	2,45	83	1,85	95	1,25
72	2,40	84	1,80	96	1,20
73	2,35	85	1,75	97	1,15
74	2,30	86	1,70	98	1,10
75	2,25	87	1,65	99	1,05
76	2,20	88	1,60	100	1,00
77	2,15	89	1,55		

Ableitung der Formel Schulnote $= 6 - 5 \cdot \dfrac{\text{erreichter Punktwert}}{\text{maximaler Punktwert}}$:

$$\frac{5}{100} \cdot \left(100 - 100 \cdot \frac{\text{erreichter Punktwert}}{\text{maximaler Punktwert}} \right) + 1$$

$$= 5 - 5 \cdot \frac{\text{erreichter Punktwert}}{\text{maximaler Punktwert}} + 1 = 6 - 5 \cdot \frac{\text{erreichter Punktwert}}{\text{maximaler Punktwert}}$$

Der 100-Punkte-Schlüssel
der Industrie- und Handelskammern

Prüfungsnote =

$$-\frac{13}{6} + \frac{1}{6} \left| \sqrt{2569 - 24 \cdot \textbf{Punktwert P}} \right|$$ [21]

(Variante 12 der Notenskalen)

Punktwert	Note [22]
92 - 100	1
81 - 91	2
67 - 80	3
50 - 66	4
30 - 49	5
0 - 29	6

---

[21] Vgl. Wiche 1983, S. 49. Siehe auch Fredebeul und Leonhard 1983, S. 249. Danach werden ca. 750000 Personen jährlich nach diesem Bewertungssystem geprüft.

[22] Die Punktwertgrenzen für die Note 1 entsprechen der Berechnung nach Variante 11 der Notenskalen.

43

Die Formel zur Berechnung der Prüfungsnote gilt für die untere Intervallgrenze der Noten 1 bis 5, also für die Punktwerte 92, 81, 67, 50 und 30. Mit dem Punktwert P = 7 gilt die Formel auch für die Note 6. Werte zwischen den einzelnen Notenstufen des 100-Punkte-Schlüssels sind nicht vorgesehen (vgl. die Spalten 3 und 4 der Tabelle auf S. 45).

Grafik des Zusammenhanges
zwischen den Noten und den Punktwerten
des 100-Punkte-Schlüssels

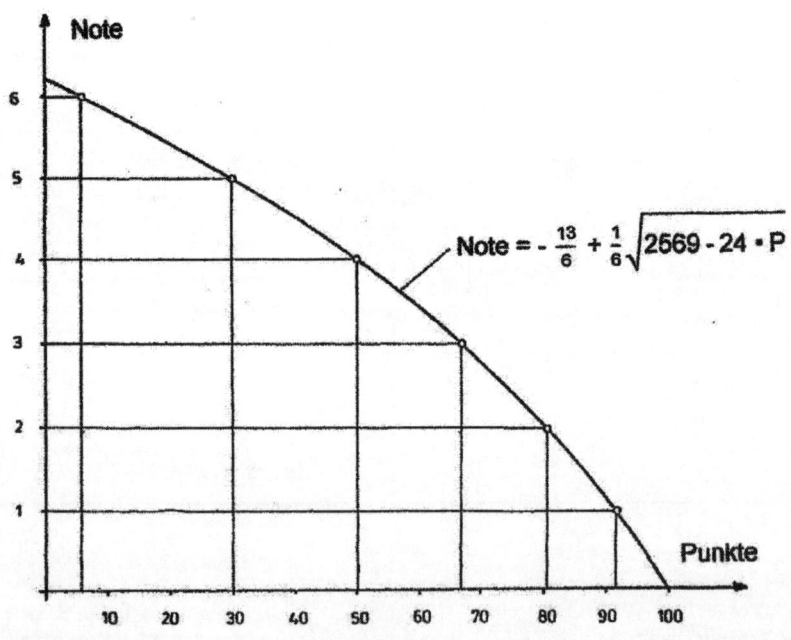

$$\text{Note} = -\frac{13}{6} + \frac{1}{6}\sqrt{2569 - 24 \cdot P}$$

P	$\frac{1}{6}\left\|\sqrt{2569 - 24 \cdot P}\right\| - \frac{13}{6}$	Noten N und deren Intervalle	Note	Punkt-abstände [23]
100	0,00	$N \leq 1$	1	8
92	1,00			
91	1,10	$1 < N \leq 2$	2	10
81	2,00			
80	2,08	$2 < N \leq 3$	3	13
67	3,00			
66	3,06	$3 < N \leq 4$	4	16
50	4,00			
49	4,05	$4 < N \leq 5$	5	19
30	5,00			
29	5,05	$5 < N$	6	29
0	6,28			

---

[23] Wegen der ungleichen Punktabstände entspricht der 100-Punkte-Schlüssel nicht einer Normalverteilung. Die Noten x lassen sich annähernd auch aus der Formel Punktwert $y = 100 - 1{,}5\,x^2 - 6{,}5\,x$ berechnen: $x = \left\|\sqrt{3{,}25^2 + 100 - y}\right\| - 3{,}25$. Vgl. Hoffmann 1972, S. 71.

45

Den endgültigen Beweis, dass die mit dem 100-Punkte-Schlüssel vergebenen Noten nicht normalverteilt sind, liefert dessen Vergleich mit der Summenprozentkurve der Normalverteilung, der Ogive. Wären die Punktwerte normalverteilt, würden 12 % der Probanden die Note 6, 38 % die Note 5, 34 % die Note 4, 12 % die Note 3, 3 % die Note 2 und nur 1 % die Note 1 erhalten. Lediglich die Hälfte der Probanden würde die Lehrabschlussprüfung bestehen:

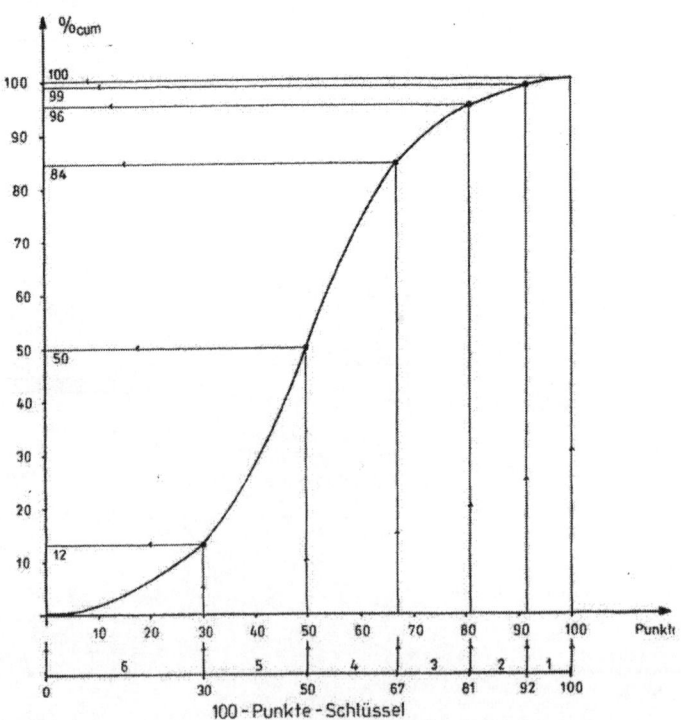

46

Für das Entstehen des 100-Punkte-Schlüssels in den 30er Jahren des 20. Jahrhunderts mag die folgende tabellarisch gefasste Überlegung sprechen. Bei einer proportionalen Aufteilung des 100-Punkte-Schlüssels würden auf jede der Noten 1 bis 6 jeweils $100 : 6 = 16,\overline{6}$ Punkte entfallen:

Sich ergebende Punktwerte				Gerundete Punktwerte	Noten
100	$-$	$16,\overline{6}$	$= 83,\overline{3}$	83 - 100	1
$83,\overline{3}$	$-$	$16,\overline{6}$	$= 66,\overline{6}$	67 - 82	2
$66,\overline{6}$	$-$	$16,\overline{6}$	$= 50,0$	50 - 66	3
$50,0$	$-$	$16,\overline{6}$	$= 33,\overline{3}$	33 - 49	4
$33,\overline{3}$	$-$	$16,\overline{6}$	$= 16,\overline{6}$	17 - 32	5
$16,\overline{6}$	$-$	$16,\overline{6}$	$= 0$	0 - 16	6

Durch Verschieben der Tabellenwerte um eine Stufe "nach oben" und Aufteilung der Punktwerte 83 - 100 auf die Noten 1 und 2 erhalten wir als Ergebnis eine recht gute Übereinstimmung mit dem derzeit gültigen 100 - Punkte - Schlüssel der Industrie- und Handelskammern:

Ergebnis des Verschiebens der Tabellenwerte		Derzeit gültiger 100-Punkte-Schlüssel	
Punkte	Noten	Punkte	Noten
93 -100	1	92 - 100	1
83 - 92	2	81 - 91	2
67 - 82	3	67 - 80	3
50 - 66	4	50 - 66	4
33 - 49	5	30 - 49	5
0 - 32	6	0 - 29	6

5 Vorschläge zur Auswahl und zum Umgang mit den Notenskalen

Bereits in unserem Beispiel der Notengebung beim Vorliegen einer Normalverteilung mit Hilfe der 12 Skalierungsvarianten fiel die strenge Benotung mit dem 100-Punkte-Schlüssel der Industrie- und Handelskammern und der Handwerkskammern auf, die teilweise um bis zu anderthalb Notenstufen höher liegt (vgl. S. 19 f.). Noch deutlicher wird das, wenn wir ein Beispiel der Notengebung betrachten, wenn keine Normalverteilung vorliegt. Dann weicht Skalierungsvariante 12 um bis zu zwei Notenstufen z. B. von Variante 8 und 9 ab (vgl. S 25). Lehrende an berufsbildenden Schulen sollten deshalb davon absehen, ihren Beurteilungen den für die Lehrabschlussprüfungen gültigen 100-Punkte-Schlüssel zugrunde zu legen!

Im Übrigen gilt, dass Lehrende in der Wahl ihrer Methoden „frei" sind, somit abwägen können, mit welcher der Skalierungsvarianten sie arbeiten. Sinnvoll wäre es, wenn zumindest innerhalb eines Schulkollegiums einvernehmlich gehandelt würde; ganz abgesehen davon, dass auch schulübergreifende Vereinbarungen sinnvoll sein dürften.

Auch empfiehlt es sich, unabhängig von der Wahl der Skalierungsvariante, bei der Notengebung auf die jeweiligen Konfidenzintervalle der z- und T-Werte in den anhängenden Tabellen (vgl. die Seiten 56 ff. und 73 ff.) zu achten, um eventuellen Ungerechtigkeiten entgegenzuwirken. An drei Beispielen wird diese Möglichkeit erläutert:

Beispiel 1:

Der für die Notengebung berechnete z-Wert betrage 0,90 (vgl. S. 18). Das Konfidenzintervall des z-Wertes reicht von 0,43 bis 1,19 (vgl. S. 66). Zur Beurteilung habe man Variante 4 der Notenskalen (vgl. S. 29) ausgewählt. Der Vergleich des Konfidenzintervalles mit den von ihm überspannten Noten der Variante 4 der Notenskalen ließe die Vergabe der Noten 3 und 2 zu. In einem solchen Falle sollte man sich zugunsten der Probanden stets für die ohnehin dem z-Wert 0,90 entsprechende Note 2 entscheiden.

Beispiel 2:

Der für die Notengebung berechnete T-Wert betrage 38,0 (vgl. S. 22 f.). Das Konfidenzintervall des T-Wertes reicht von 35,4 bis 43,0 (vgl. S. 76). Zur Beurteilung habe man Variante 7 der Notenskalen ausgewählt (vgl. S. 32). Der Vergleich des Konfidenzintervalles mit den von ihm überspannten Noten der Variante 7 der Notenskalen eröffnet einen Spielraum der Notenvergabe zugunsten der Probanden: Statt mit dem T-Wert 38,0 die Note 5 oder 4 – 5 zu vergeben, wäre es eventuell sogar möglich, die Note 4 zu erteilen.

Auffällig ist, dass die Konfidenzintervalle der z-Werte seltener als jene der T-Werte zu abweichenden Noten führen.

Beispiel 3 bezieht sich auf die z-Wert-Berechnung ohne Normalisierung auf S. 24. Beim Verzicht auf die Normalisierung durch eine Flächentransformation ergibt sich eine leicht strengere Benotung im unteren z-Wert-Bereich der Varianten 1 – 5 und 8 – 9 der Notenskalen (vgl. die Tabellen auf den Seiten 23 und 25). Das Pearsonsche Schiefemaß zur hier zugrundeliegenden Verteilung der von den Probanden erzielten Punktwerte beträgt – 0,168. Demnach liegt eine leicht linksschiefe bzw. rechtssteile Verteilung vor, weshalb die Probanden etwas mehr gute als schlechte Noten erhalten (vgl. S. 113).

Beispiel 3:

Wir betrachten Probanden mit einem z-Wert von – 0,54; zur Benotung entscheiden wir uns für Variante 2 der Notenskalen (vgl. S. 27). Der Wert – 0,54 empfiehlt sich für eine Entscheidung, ob die Note 3 oder 4 vergeben werden sollte, obwohl arithmetisch die Note 4 vorgesehen ist. Für $z = - 0,54$ erstreckt sich das Konfidenzintervall von – 0,87 bis – 0,10 (vgl. S. 62). Da – 0,10 eindeutig im Bereich der Note 3 liegt, sollte die Benotung zugunsten der Probanden erfolgen. Insbesondere in solchen Grenzfällen sollten stets die Konfidenzintervalle der z- und ggfs. der T-Werte beachtet werden. Auch die eventuell schlechtere Vergabe einer Note lässt sich durch den Vergleich mit den jeweiligen Konfidenzintervallen bestätigen.

6 Literatur

Chauncey, Henry und Dobbin John E.: Der Test im modernen Bildungswesen. Texte und Dokumente zur Bildungsforschung. Ernst Klett Verlag, Stuttgart 1968.

David, H. A., Hartley, Herman Otto and Pearson, Egon Sharpe: The distribution of the ratio, in a single normal sample of range to standard deviation. Biometrika 41 (1954), 3, 482 – 493.

Fredebeul, Franz-Heinz und Leonhard, Harald: Punkte und Noten in Prüfungsordnungen - rechtlich betrachtet. In: Gewerbearchiv (GewArch) Zeitung für Verwaltungs-und Gewerberecht, Jg. 1983, S. 249 - 255.

Glass, Gene V. et al.: Statistical methods in education and psychology, pp. 513 – 519. New Yersey: Prentice-Hall. Englewood Cliffs 1970.

Guilford, Joy Paul: Psychometric Methods. McGraw Hill, New York 1954.

Heller, Kurt und Rosemann, Bernhard: Planung und Auswertung empirischer Untersuchungen. Ernst Klett Verlag. Stuttgart 1974.

Hoffmann, Ernst: Zur Frage von Punktbewertungsrichtlinien. Berufsbildung in Wissenschaft und Praxis, Jg. 6, H. 2, S. 23 - 25.

Ingenkamp, Karlheinz: Die Fragwürdigkeit der Zensuren-gebung. Beltz Verlag. Weinheim, Berlin und Basel 1971.

Kelley, Truman Lee: The Use of Literal Grades. Journal of Educational Psychology 1950 (41), pp. 488 - 492.

Kleber, Eduard W. u.a.: Beurteilung und Beurteilungspro-bleme. Eine Einführung in Beurteilungs- und Bewertungs-fragen in der Schule. Beltz Verlag, Weinheim und Basel 1976.

Lienert, Gustav A.: Schulnoten-Evaluation. Athenäum Ver-lag, Frankfurt 1987.

Lienert, Gustav A. und Raatz, Ulrich: Testaufbau und Tes-tanalyse. Psychologie Verlags Union, Weinheim 1998.

Marx, Uwe: Immer dieser Numerus clausus. In: Frankfur-ter Allgemeine Zeitung Nr. 228 vom 30.09.2017, S. C 1.

McCall, William Anderson: Measurement. New York: Mac-millan, 1939.

Michelsen, Uwe Andreas; Hofferbert, Beate und Müller, Jürgen: Die Berücksichtigung von Teillösungen bei der Berechnung des Schwierigkeitsgrades von Prüfungsauf-gaben. In: Zeitschrift für Pädagogische Psychologie, Jg. 5 (1991), H. 1, S. 57 – 68.

Moosbrugger, Helfried und Kelava, Augustin (Hrsg.): Test-theorie und Fragebogenkonstruktion. Springer-Verlag. Berlin Heidelberg 2012.

Neurath, Paul: Statistik für Sozialwissenschaftler. Eine Einführung in das statistische Denken. Ferdinand Enke Verlag, Stuttgart 1966.

Olbrisch, Miriam: Die Lotterie des Lebens. In: Der Spiegel Nr. 18 vom 29.04.2017, S. 12 – 20.

Pearson, Egon Sharpe and Stephens, Michael. A.: The ratio of range to standard deviation in the same normal sample. Biometrika 51 (1964), 484 – 487.

Sachs, Lothar: Angewandte Statistik. Planung und Auswertung, Methoden und Modelle. Berlin, Heidelberg und New York 1973.

Schelten, Andreas: Testbeurteilung und Testerstellung. Grundlagen der Teststatistik und Testerstellung für Pädagogen und Ausbilder in der Praxis. Franz Steiner Verlag, Stuttgart 1997.

Schrader, Friedrich-Wilhelm und Helmke, Andreas: Alltägliche Leistungsbeurteilung durch Lehrer. In: Leistungsmessungen in Schulen. Hrsg. V. Franz Emanuel Weinert. Beltz Verlag. Weinheim und Basel 2002, S. 45 – 58.

Shapiro, Samuel Sanford and Wilk, Martin Bradbury: An analysis of variance test for normality. In: Biometrica 52 (1965), 591 – 611.

Straka, Gerald A.: Leistungen im Bereich der beruflichen Bildung. In: Leistungsmessungen in Schulen. Hrsg. V.

Franz Emanuel Weinert. Beltz Verlag. Weinheim und Basel 2002, S. 219 – 235.

Weinert, Franz Emanuel: Vergleichende Leistungsmessung in Schulen – eine umstrittene Selbstverständlichkeit. In: Leistungsmessungen in Schulen. Hrsg. V. Franz Emanuel Weinert. Beltz Verlag. Weinheim und Basel 2002, S. 17 – 31.

Weinert, Franz Emanuel: Schulleistungen – Leistungen der Schule oder der Schüler? In: Leistungsmessungen in Schulen. Hrsg. V. Franz Emanuel Weinert. Beltz Verlag. Weinheim und Basel 2002. S. 73 – 86.

Wendeler, Jürgen: Standardarbeiten. Beltz Verlag. Weinheim und Basel 1976.

Wiche, Horst: Zur Frage der Bewertung nach dem 100-Punkte-Schlüssel in den Kammerprüfungen. Wissenschaftliche Hausarbeit für das Lehramt an beruflichen Schulen gewerblich-technischer Fachrichtung. Technische Hochschule Darmstadt, Institut für Berufspädagogik. Darmstadt 1983.

7 Anhang

7.1   z-Wert-Tabelle

z	Prozent- rang	T = 50 + 10z	Konfidenzintervall der z-Werte [25]
- 3,00	0,13	20,0	- 3,08	-	- 2,32
- 2,99	0,14	20,1	- 3,08	-	- 2,31
- 2,98	0,14	20,2	- 3,07	-	- 2,30
- 2,97	0,15	20,3	- 3,06	-	- 2,92
- 2,96	0,15	20,4	- 3,05	-	- 2,28
- 2,95	0,16	20,5	- 3,04	-	- 2,27
- 2,94	0,16	20,6	- 3,03	-	- 2,26
- 2,93	0,17	20,7	- 3,02	-	- 2,25
- 2,92	0,18	20,8	- 3,01	-	- 2,24
- 2,91	0,18	20,9	- 3,00	-	- 2,23
- 2,90	0,19	21,0	- 2,99	-	- 2,23
- 2,89	0,19	21,1	- 2,99	-	- 2,22
- 2,88	0,20	21,2	- 2,98	-	- 2,21
- 2,87	0,21	21,3	- 2,97	-	- 2,20
- 2,86	0,21	21,4	- 2,96	-	- 2,19
- 2,85	0,22	21,5	- 2,95	-	- 2,18
- 2,84	0,23	21,6	- 2,94	-	- 2,17
- 2,83	0,23	21,7	- 2,93	-	- 2,16
- 2,82	0,24	21,8	- 2,92	-	- 2,15
- 2,81	0,25	21,9	- 2,91	-	- 2,14
- 2,80	0,26	22,0	- 2,90	-	- 2,14
- 2,79	0,26	22,1	- 2,90	-	- 2,13
- 2,78	0,27	22,2	- 2,89	-	- 2,12
- 2,77	0,28	22,3	- 2,88	-	- 2,11
- 2,76	0,29	22,4	- 2,87	-	- 2,10
- 2,75	0,30	22,5	- 2,86	-	- 2,09
- 2,74	0,31	22,6	- 2,85	-	- 2,08

z-Werte mit den zugehörigen Prozentrang- und T-Werten [24]

[24] z-Werte und korrespondierende Prozentanteile der kumulierten Normalverteilung aus Edwards A.D.: Techniques of attitude scale construdtion, NY.: Appleton-Century-Crifts, Inc., 1957.
[25] Die Werte entstammen dem Normalwertrechner von Psychometrica. Die Reliabilität der Konfidenzintervalle beträgt 0,90.

z-Werte mit den zugehörigen Prozentrang- und T-Werten

z	Prozent-rang	T = 50 + 10z	Konfidenzintervall der z-Werte		
- 2,73	0,32	22,7	- 2,84	-	- 2,07
- 2,72	0,33	22,8	- 2,85	-	- 2,06
- 2,71	0,34	22,9	- 2,84	-	- 2,05
- 2,70	0,35	23,0	- 2,83	-	- 2,05
- 2,69	0,36	23,1	- 2,82	-	- 2,04
- 2,68	0,37	23,2	- 2,80	-	- 2,03
- 2,67	0,38	23,3	- 2,79	-	- 2,02
- 2,66	0,39	23,4	- 2,78	-	- 2,01
- 2,65	0,40	23,5	- 2,77	-	- 2,00
- 2,64	0,41	23,6	- 2,76	-	- 1,99
- 2,63	0,43	23,7	- 2,75	-	- 1,98
- 2,62	0,44	23,8	- 2,74	-	- 1,97
- 2,61	0,45	23,9	- 2,73	-	- 1,96
- 2,60	0,47	24,0	- 2,72	-	- 1,96
- 2,59	0,48	24,1	- 2,72	-	- 1,95
- 2,58	0,49	24,2	- 2,71	-	- 1,94
- 2,57	0,51	24,3	- 2,70	-	- 1,93
- 2,56	0,52	24,4	- 2,69	-	- 1,92
- 2,55	0,54	24,5	- 2,68	-	- 1,91
- 2,54	0,55	24,6	- 2,67	-	- 1,90
- 2,53	0,57	24,7	- 2,66	-	- 1,89
- 2,52	0,59	24,8	- 2,65	-	- 1,88
- 2,51	0,60	24,9	- 2,64	-	- 1,87
- 2,50	0,62	25,0	- 2,63	-	- 1,87
- 2,49	0,64	25,1	- 2,63	-	- 1,86
- 2,48	0,66	25,2	- 2,62	-	- 1,85
- 2,47	0,68	25,3	- 2,61	-	- 1,84
- 2,46	0,69	25,4	- 2,60	-	- 1,83
- 2,45	0,71	25,5	- 2,59	-	- 1,82
- 2,44	0,73	25,6	- 2,58	-	- 1,81
- 2,43	0,75	25,7	- 2,57	-	- 1,80
- 2,42	0,78	25,8	- 2,56	-	- 1,79
- 2,41	0,80	25,9	- 2,55	-	- 1,78
- 2,40	0,82	26,0	- 2,54	-	- 1,78
- 2,39	0,84	26,1	- 2,54	-	- 1,77
- 2,38	0,87	26,2	- 2,53	-	- 1,76
- 2,37	0,89	26,3	- 2,52	-	- 1,75
- 2,36	0,91	26,4	- 2,51	-	- 1,74

z-Werte mit den zugehörigen Prozentrang- und T-Werten

z	Prozent-rang	T = 50 + 10z	Konfidenzintervall der z-Werte		
- 2,35	0,94	26,5	- 2,50	-	- 1,73
- 2,34	0,96	26,6	- 2,49	-	- 1,72
- 2,33	0,99	26,7	- 2,48	-	- 1,71
- 2,32	1,02	26,8	- 2,47	-	- 1,70
- 2,31	1,04	26,9	- 2,46	-	- 1,69
- 2,30	1,07	27,0	- 2,45	-	- 1,69
- 2,29	1,10	27,1	- 2,45	-	- 1,68
- 2,28	1,13	27,2	- 2,44	-	- 1,67
- 2,27	1,16	27,3	- 2,43	-	- 1,66
- 2,26	1,19	27,4	- 2,42	-	- 1,65
- 2,25	1,22	27,5	- 2,41	-	- 1,64
- 2,24	1,25	27,6	- 2,40	-	- 1,63
- 2,23	1,29	27,7	- 2,39	-	- 1,62
- 2,22	1,32	27,8	- 2,38	-	- 1,61
- 2,21	1,36	27,9	- 2,37	-	- 1,60
- 2,20	1,39	28,0	- 2,36	-	- 1,60
- 2,19	1,43	28,1	- 2,36	-	- 1,59
- 2,18	1,46	28,2	- 2,35	-	- 1,58
- 2,17	1,50	28,3	- 2,34	-	- 1,57
- 2,16	1,54	28,4	- 2,33	-	- 1,56
- 2,15	1,58	28,5	- 2,32	-	- 1,55
- 2,14	1,62	28,6	- 2,31	-	- 1,54
- 2,13	1,66	28,7	- 2,30	-	- 1,53
- 2,12	1,70	28,8	- 2,29	-	- 1,52
- 2,11	1,74	28,9	- 2,28	-	- 1,51
- 2,10	1,79	29,0	- 2,27	-	- 1,51
- 2,09	1,83	29,1	- 2,27	-	- 1,50
- 2,08	1,88	29,2	- 2,26	-	- 1,49
- 2,07	1,92	29,3	- 2,25	-	- 1,48
- 2,06	1,97	29,4	- 2,24	-	- 1,47
- 2,05	2,02	29,5	- 2,23	-	- 1,46
- 2,04	2,07	29,6	- 2,22	-	- 1,45
- 2,03	2,12	29,7	- 2,21	-	- 1,44
- 2,02	2,17	29,8	- 2,20	-	- 1,43
- 2,01	2,22	29,9	- 2,19	-	- 1,42
- 2,00	2,28	30,0	- 2,18	-	- 1,42
- 1,99	2,33	30,1	- 2,18	-	- 1,41
- 1,98	2,39	30,2	- 2,17	-	- 1,40

z-Werte mit den zugehörigen Prozentrang- und T-Werten

z	Prozent-rang	T = 50 + 10z	Konfidenzintervall der z-Werte		
- 1,97	2,44	30,3	- 2,16	-	- 1,39
- 1,96	2,50	30,4	- 2,15	-	- 1,38
- 1,95	2,56	30,5	- 2,14	-	- 1,37
- 1,94	2,62	30,6	- 2,13	-	- 1,36
- 1,93	2,68	30,7	- 2,12	-	- 1,35
- 1,92	2,74	30,8	- 2,11	-	- 1,34
- 1,91	2,81	30,9	- 2,10	-	- 1,33
- 1,90	2,87	31,0	- 2,09	-	- 1,33
- 1,89	2,94	31,1	- 2,09	-	- 1,32
- 1,88	3,01	31,2	- 2,08	-	- 1,31
- 1,87	3,07	31,3	- 2,07	-	- 1,30
- 1,86	3,14	31,4	- 2,06	-	- 1,29
- 1,85	3,22	31,5	- 2,05	-	- 1,28
- 1,84	3,29	31,6	- 2,04	-	- 1,27
- 1,83	3,36	31,7	- 2,03	-	- 1,26
- 1,82	3,44	31,8	- 2,02	-	- 1,25
- 1,81	3,51	31,9	- 2,01	-	- 1,24
- 1,80	3,59	32,0	- 2,00	-	- 1,24
- 1,79	3,67	32,1	- 2,00	-	- 1,24
- 1,78	3,75	32,2	- 1,99	-	- 1,22
- 1,77	3,84	32,3	- 1,98	-	- 1,21
- 1,76	3,92	32,4	- 1,97	-	- 1,20
- 1,75	4,01	32,5	- 1,96	-	- 1,19
- 1,74	4,09	32,6	- 1,95	-	- 1,18
- 1,73	4,18	32,7	- 1,94	-	- 1,17
- 1,72	4,27	32,8	- 1,93	-	- 1,16
- 1,71	4,36	32,9	- 1,92	-	- 1,15
-1,70	4,46	33,0	- 1,91	-	- 1,15
- 1,69	4,55	33,1	- 1,91	-	- 1,14
- 1,68	4,65	33,2	- 1,90	-	- 1,13
- 1,67	4,75	33,3	- 1,89	-	- 1,12
- 1,66	4,85	33,4	- 1,88	-	- 1,11
- 1,65	4,95	33,5	- 1,87	-	- 1,10
- 1,64	5,05	33,6	- 1,86	-	- 1,09
- 1,63	5,16	33,7	- 1,85	-	- 1,08
- 1,62	5,26	33,8	- 1,84	-	- 1,07
- 1,61	5,37	33,9	- 1,83	-	- 1,06
- 1,60	5,48	34,0	- 1,82	-	- 1,06

z-Werte mit den zugehörigen Prozentrang- und T-Werten

z	Prozent-rang	T = 50 + 10z	Konfidenzintervall der z-Werte	
- 1,59	5,59	34,1	- 1,82	- 1,05
- 1,58	5,71	34,2	- 1,81	- 1,04
- 1,57	5,82	34,3	- 1,80	- 1,03
- 1,56	5,94	34,4	- 1,79	- 1,02
- 1,55	6,06	34,5	- 1,78	- 1,01
- 1,54	6,18	34,6	- 1,77	- 1,00
- 1,53	6,30	34,7	- 1,76	- 0,99
- 1,52	6,43	34,8	- 1,75	- 0,98
- 1,51	6,55	34,9	- 1,74	- 0,97
- 1,50	6,68	35,0	- 1,73	- 0,97
- 1,49	6,81	35,1	- 1,73	- 0,96
- 1,48	6,94	35,2	- 1,72	- 0,95
- 1,47	7,08	35,3	- 1,71	- 0,94
- 1,46	7,21	35,4	- 1,70	- 0,93
- 1,45	7,35	35,5	- 1,69	- 0,92
- 1,44	7,49	35,6	- 1,68	- 0,91
- 1,43	7,64	35,7	- 1,67	- 0,90
- 1,42	7,78	35,8	- 1,66	- 0,89
- 1,41	7,93	35,9	- 1,65	- 0,88
- 1,40	8,08	36,0	- 1,64	- 0,88
- 1,39	8,23	36,1	- 1,64	- 0,87
- 1,38	8,38	36,2	- 1,63	- 0,86
- 1,37	8,53	36,3	- 1,62	- 0,85
- 1,36	8,69	36,4	- 1,61	- 0,84
- 1,35	8,85	36,5	- 1,60	- 0,83
- 1,34	9,01	36,6	- 1,59	- 0,82
- 1,33	9,18	36,7	- 1,58	- 0,81
- 1,32	9,34	36,8	- 1,57	- 0,80
- 1,31	9,51	36,9	- 1,56	- 0,79
- 1,30	9,68	37,0	- 1,55	- 0,79
- 1,29	9,85	37,1	- 1,55	- 0,78
- 1,28	10,03	37,2	- 1,54	- 0,77
- 1,27	10,20	37,3	- 1,53	- 0,76
- 1,26	10,38	37,4	- 1,52	- 0,75
- 1,25	10,56	37,5	- 1,51	- 0,74
- 1,24	10,75	37,6	- 1,50	- 0,73
- 1,23	10,93	37,7	- 1,49	- 0,72
- 1,22	11,12	37,8	- 1,48	- 0,71

z-Werte mit den zugehörigen Prozentrang- und T-Werten

z	Prozent-rang	T = 50 + 10z	Konfidenzintervall der z-Werte		
- 1,21	11,31	37,9	- 1,47	-	- 0,70
- 1,20	11,51	38,0	- 1,46	-	- 0,70
- 1,19	11,70	38,1	- 1,46	-	- 0,69
- 1,18	11,90	38,2	- 1,45	-	- 0,68
- 1,17	12,10	38,3	- 1,44	-	- 0,67
- 1,16	12,30	38,4	- 1,43	-	- 0,66
- 1,15	12,51	38,5	- 1,42	-	- 0,65
- 1,14	12,71	38,6	- 1,41	-	- 0,64
- 1,13	12,92	38,7	- 1,40	-	- 0,63
- 1,12	13,14	38,8	- 1,39	-	- 0,62
- 1,11	13,35	38,9	- 1,38	-	- 0,61
- 1,10	13,57	39,0	- 1,37	-	- 0,61
- 1,09	13,79	39,1	- 1,37	-	- 0,60
- 1,08	14,01	39,2	- 1,36	-	- 0,59
- 1,07	14,23	39,3	- 1,35	-	- 0,58
- 1,06	14,46	39,4	- 1,34	-	- 0,57
- 1,05	14,69	39,5	- 1,33	-	- 0,56
- 1,04	14,92	39,6	- 1,32	-	- 0,55
- 1,03	15,15	39,7	- 1,31	-	- 0,54
- 1,02	15,39	39,8	- 1,30	-	- 0,53
- 1,01	15,62	39,9	- 1,29	-	- 0,52
- 1,00	15,87	40,0	- 1,28	-	- 0,52
- 0,99	16,11	40,1	- 1,28	-	- 0,51
- 0,98	16,35	40,2	- 1,27	-	- 0,50
- 0,97	16,60	40,3	- 1,26	-	- 0,49
- 0,96	16,85	40,4	- 1,25	-	- 0,48
- 0,95	17,11	40,5	- 1,24	-	- 0,47
- 0,94	17,36	40,6	- 1,23	-	- 0,46
- 0,93	17,62	40,7	- 1,22	-	- 0,45
- 0,92	17,88	40,8	- 1,21	-	- 0,44
- 0,91	18,14	40,9	- 1,20	-	- 0,43
- 0,90	18,41	41,0	- 1,19	-	- 0,43
- 0,89	18,67	41,1	- 1,19	-	- 0,42
- 0,88	18,94	41,2	- 1,18	-	- 0,41
- 0,87	19,22	41,3	- 1,17	-	- 0,40
- 0,86	19,49	41,4	- 1,16	-	- 0,39
- 0,85	19,77	41,5	- 1,15	-	- 0,38
- 0,84	20,05	41,6	- 1,14	-	- 0,37

z-Werte mit den zugehörigen Prozentrang- und T-Werten

z	Prozent-rang	T = 50 + 10z	Konfidenzintervall der z-Werte		
- 0,83	20,33	41,7	- 1,13	-	- 0,36
- 0,82	20,61	41,8	- 1,12	-	- 0,35
- 0,81	20,90	41,9	- 1,11	-	- 0,34
- 0,80	21,19	42,0	- 1,10	-	- 0,34
- 0,79	21,48	42,1	- 1,10	-	- 0,33
- 0,78	21,77	42,2	- 1,09	-	- 0,32
- 0,77	22,06	42,3	- 1,08	-	- 0,31
- 0,76	22,36	42,4	- 1,07	-	- 0,30
- 0,75	22,66	42,5	- 1,06	-	- 0,29
- 0,74	22,96	42,6	- 1,05	-	- 0,28
- 0,73	23,27	42,7	- 1,04	-	- 0,27
- 0,72	23,58	42,8	- 1,03	-	- 0,26
- 0,71	23,89	42,9	- 1,02	-	- 0,25
- 0,70	24,20	43,0	- 1,01	-	- 0,25
- 0,69	24,51	43,1	- 1,01	-	- 0,24
- 0,68	24,83	43,2	- 1,00	-	- 0,23
- 0,67	25,14	43,3	- 0,99	-	- 0,22
- 0,66	25,46	43,4	- 0,98	-	- 0,21
- 0,65	25,78	43,5	- 0,97	-	- 0,20
- 0,64	26,11	43,6	- 0,96	-	- 0,19
- 0,63	26,43	43,7	- 0,95	-	- 0,18
- 0,62	26,76	43,8	- 0,94	-	- 0,17
- 0,61	27,09	43,9	- 0,93	-	- 0,16
- 0,60	27,49	44,0	- 0,92	-	- 0,16
- 0,59	27,76	44,1	- 0,92	-	- 0,15
- 0,58	28,10	44,2	- 0,91	-	- 0,14
- 0,57	28,43	44,3	- 0,90	-	- 0,13
- 0,56	28,77	44,4	- 0,89	-	- 0,12
- 0,55	29,12	44,5	- 0,88	-	- 0,11
- 0,54	29,46	44,6	- 0,87	-	- 0,10
- 0,53	29,81	44,7	- 0,86	-	- 0,09
- 0,52	30,15	44,8	- 0,85	-	- 0,08
- 0,51	30,50	44,9	- 0,84	-	- 0,07
- 0,50	30,85	45,0	- 0,83	-	- 0,07
- 0,49	31,21	45,1	- 0,83	-	- 0,06
- 0,48	31,56	45,2	- 0,82	-	- 0,05
- 0,47	31,92	45,3	- 0,81	-	- 0,04
- 0,46	32,28	45,4	- 0,80	-	- 0,03

z-Werte mit den zugehörigen Prozentrang- und T-Werten

z	Prozent-rang	T = 50 + 10z	Konfidenzintervall der z-Werte		
- 0,45	32,64	45,5	- 0,79	-	- 0,02
- 0,44	33,00	45,6	- 0,78	-	- 0,01
- 0,43	33,36	45,7	- 0,77	-	0,00
- 0,42	33,72	45,8	- 0,76	-	0,01
- 0,41	34,09	45,9	- 0,75		0,02
- 0,40	34,46	46,0	- 0,74	-	0,02
- 0,39	34,83	46,1	- 0,74	-	0,03
- 0,38	35,20	46,2	- 0,73	-	0,04
- 0,37	35,57	46,3	- 0,72	-	0,05
- 0,36	35,94	46,4	- 0,71	-	0,06
- 0,35	36,32	46,5	- 0,70	-	0,07
- 0,34	36,69	46,6	- 0,69	-	0,08
- 0,33	37,07	46,7	- 0,68	-	0,09
- 0,32	37,45	46,8	- 0,67	-	0,10
- 0,31	37,83	46,9	- 0,66	-	0,11
- 0,30	38,21	47,0	- 0,65	-	0,11
- 0,29	38,59	47,1	- 0,65	-	0,12
- 0,28	38,97	47,2	- 0,64	-	0,13
- 0,27	39,36	47,3	- 0,63	-	0,14
- 0,26	39,74	47,4	- 0,62	-	0,15
- 0,25	40,13	47,5	- 0,61	-	0,16
- 0,24	40,25	47,6	- 0,60	-	0,17
- 0,23	40,90	47,7	- 0,59	-	0,18
- 0,22	41,29	47,8	- 0,58	-	0,19
- 0,21	41,68	47,9	- 0,57	-	0,20
- 0,20	42,07	48,0	- 0,56	-	0,20
- 0,19	42,47	48,1	- 0,56	-	0,21
- 0,18	42,86	48,2	- 0,55	-	0,22
- 0,17	43,25	48,3	- 0,54	-	0,23
- 0,16	43,64	48,4	- 0,53	-	0,24
- 0,15	44,04	48,5	- 0,52	-	0,25
- 0,14	44,43	48,6	- 0,51	-	0,26
- 0,13	44,83	48,7	- 0,50	-	0,27
- 0,12	45,22	48,8	- 0,49	-	0,28
- 0,11	45,62	48,9	- 0,48	-	0,29
- 0,10	46,02	49,0	- 0,47	-	0,29
- 0,09	46,41	49,1	- 0,47	-	0,30
- 0,08	46,81	49,2	- 0,46	-	0,31

z-Werte mit den zugehörigen Prozentrang- und T-Werten

z	Prozentrang	T = 50 + 10z	Konfidenzintervall der z-Werte		
- 0,07	47,21	49,3	- 0,45	-	0,32
- 0,06	47,61	49,4	- 0,44	-	0,33
- 0,05	48,01	49,5	- 0,43	-	0,34
- 0,04	48,40	49,6	- 0,42	-	0,35
- 0,03	48,80	49,7	- 0,41	-	0,36
- 0,02	49,20	49,8	- 0,40	-	0,37
- 0,01	49,60	49,9	- 0,39	-	0,38
0	50,00	50,0	- 0,38	-	0,38
0,01	50,40	50,1	- 0,38	-	0,39
0,02	50,80	50,2	- 0,37	-	0,40
0,03	51,20	50,3	- 0,36	-	0,41
0,04	51,60	50,4	- 0,35	-	0,42
0,05	51,99	50,5	- 0,34	-	0,43
0,06	52,39	50,6	- 0,33	-	0,44
0,07	52,79	50,7	- 0,32	-	0,45
0,08	53,19	50,8	- 0,31	-	0,46
0,09	53,59	50,9	- 0,30	-	0,47
0,10	53,98	51,0	- 0,29	-	0,47
0,11	54,38	51,1	- 0,29	-	0,48
0,12	54,78	51,2	- 0,28	-	0,49
0,13	55,17	51,3	- 0,27	-	0,50
0,14	55,57	51,4	- 0,26	-	0,51
0,15	55,96	51,5	- 0,25	-	0,52
0,16	56,36	51,6	- 0,24	-	0,53
0,17	56,75	51,7	- 0,23	-	0,54
0,18	57,14	51,8	- 0,22	-	0,55
0,19	57,53	51,9	- 0,21	-	0,56
0,20	57,93	52,0	- 0,20	-	0,56
0,21	58,32	52,1	- 0,20	-	0,57
0,22	58,71	52,2	- 0,19	-	0,58
0,23	59,10	52,3	- 0,18	-	0,59
0,24	59,48	52,4	- 0,17	-	0,60
0,25	59,87	52,5	- 0,16	-	0,61
0,26	60,26	52,6	- 0,15	-	0,62
0,27	60,46	52,7	- 0,14	-	0,63
0,28	61,03	52,8	- 0,13	-	0,64
0,29	61,41	52,9	- 0,12	-	0,65
0,30	61,79	53,0	- 0,11	-	0,65

z-Werte mit den zugehörigen Prozentrang- und T-Werten

z	Prozent-rang	T = 50 + 10z	Konfidenzintervall der z-Werte		
0,31	62,17	53,1	- 0,11	-	0,66
0,32	62,55	53,2	- 0,10	-	0,67
0,33	62,93	53,3	- 0,09	-	0,68
0,34	63,31	53,4	- 0,08	-	0,69
0,35	63,68	53,5	- 0,07	-	0,70
0,36	64,06	53,6	- 0,06	-	0,71
0,37	64,43	53,7	- 0,05	-	0,72
0,38	64,80	53,8	- 0,04	-	0,73
0,39	65,17	53,9	- 0,03	-	0,74
0,40	65,54	54,0	- 0,02	-	0,74
0,41	65,91	54,1	- 0,02	-	0,75
0,42	66,28	54,2	- 0,01	-	0,76
0,43	66,64	54,3	0	-	0,77
0,44	67,00	54,4	0,01	-	0,78
0,45	67,36	54,5	0,02	-	0,79
0,46	67,72	54,6	0,03	-	0,80
0,47	68,08	54,7	0,04	-	0,81
0,48	68,44	54,8	0,05	-	0,82
0,49	68,79	54,9	0,06	-	0,83
0,50	69,15	55,0	0,07	-	0,83
0,51	69,50	55,1	0,07	-	0,84
0,52	69,85	55,2	0,08	-	0,85
0,53	70,19	55,3	0,09	-	0,86
0,54	70,54	55,4	0,10	-	0,87
0,55	70,88	55,5	0,11	-	0,88
0,56	71,23	55,6	0,12	-	0,89
0,57	71,57	55,7	0,13	-	0,90
0,58	71,90	55,8	0,14	-	0,91
0,59	72,24	55,9	0,15	-	0,92
0,60	72,57	56,0	0,16	-	0,92
0,61	72,91	56,1	0,16	-	0,93
0,62	73,24	56,2	0,17	-	0,94
0,63	73,57	56,3	0,18	-	0,95
0,64	73,89	56,4	0,19	-	0,96
0,65	74,22	56,5	0,20	-	0,97
0,66	74,54	56,6	0,21	-	0,98
0,67	74,86	56,7	0,22	-	0,99
0,68	75,17	56,8	0,23	-	1,00

z-Werte mit den zugehörigen Prozentrang- und T-Werten

z	Prozent-rang	T = 50 + 10z	Konfidenzintervall der z-Werte	
0,69	75,49	56,9	0,24	- 1,01
0,70	75,80	57,0	0,25	- 1,01
0,71	76,11	57,1	0,25	- 1,02
0,72	76,42	57,2	0,26	- 1,03
0,73	76,73	57,3	0,27	- 1,04
0,74	77,03	57,4	0,28	- 1,05
0,75	77,34	57,5	0,29	- 1,06
0,76	77,64	57,6	0,30	- 1,07
0,77	77,94	57,7	0,31	- 1,08
0,78	78,23	57,8	0,32	- 1,09
0,79	78,52	57,9	0,33	- 1,10
0,80	78,81	58,0	0,34	- 1,10
0,81	79,10	58,1	0,34	- 1,11
0,82	79,39	58,2	0,35	- 1,12
0,83	79,67	58,3	0,36	- 1,13
0,84	79,95	58,4	0,37	- 1,14
0,85	80,23	58,5	0,38	- 1,15
0,86	80,51	58,6	0,39	- 1,16
0,87	80,78	58,7	0,40	- 1,17
0,88	81,06	58,8	0,41	- 1,18
0,89	81,33	58,9	0,42	- 1,19
0,90	81,59	59,0	0,43	- 1,19
0,91	81,86	59,1	0,43	- 1,20
0,92	82,12	59,2	0,44	- 1,21
0,93	82,38	59,3	0,45	- 1,22
0,94	82,64	59,4	0,46	- 1,23
0,95	82,89	59,5	0,47	- 1,24
0,96	83,15	59,6	0,48	- 1,25
0,97	83,40	59,7	0,49	- 1,26
0,98	83,65	59,8	0,50	- 1,27
0,99	83,89	59,9	0,51	- 1,28
1,00	84,13	60,0	0,52	- 1,28
1,01	84,38	60,1	0,52	- 1,29
1,02	84,61	60,2	0,53	- 1,30
1,03	84,85	60,3	0,54	- 1,31
1,04	85,08	60,4	0,55	- 1,32
1,05	85,31	60,5	0,56	- 1,33
1,06	85,54	60,6	0,57	- 1,34

z-Werte mit den zugehörigen Prozentrang- und T-Werten

z	Prozent-rang	T = 50 + 10z	Konfidenzintervall der z-Werte		
1,07	85,77	60,7	0,58	-	1,35
1,08	85,99	60,8	0,59	-	1,36
1,09	86,21	60,9	0,60	-	1,37
1,10	86,43	61,0	0,61	-	1,37
1,11	86,65	61,1	0,61	-	1,38
1,12	86,86	61,2	0,62	-	1,39
1,13	87,08	61,3	0,63	-	1,40
1,14	87,29	61,4	0,64	-	1,41
1,15	87,49	61,5	0,65	-	1,42
1,16	87,70	61,6	0,66	-	1,43
1,17	87,90	61,7	0,67	-	1,44
1,18	88,10	61,8	0,68	-	1,45
1,19	88,30	61,9	0,69	-	1,46
1,20	88,49	62,0	0,70	-	1,46
1,21	88,69	62,1	0,70	-	1,47
1,22	88,88	62,2	0,71	-	1,48
1,23	89,07	62,3	0,72	-	1,49
1,24	89,25	62,4	0,73	-	1,50
1,25	89,44	62,5	0,74	-	1,51
1,26	89,62	62,6	0,75	-	1,52
1,27	89,80	62,7	0,76	-	1,53
1,28	89,97	62,8	0,77	-	1,54
1,29	90,15	62,9	0,78	-	1,55
1,30	90,32	63,0	0,79	-	1,55
1,31	90,49	63,1	0,79	-	1,56
1,32	90,66	63,2	0,80	-	1,75
1,33	90,82	63,3	0,81	-	1,58
1,34	90,99	63,4	0,82	-	1,59
1,35	91,15	63,5	0,83	-	1,60
1,36	91,31	63,6	0,84	-	1,61
1,37	91,47	63,7	0,85	-	1,62
1,38	91,62	63,8	0,86	-	1,63
1,39	91,77	63,9	0,87	-	1,64
1,40	91,92	64,0	0,88	-	1,64
1,41	92,07	64,1	0,88	-	1,65
1,42	92,22	64,2	0,89	-	1,66
1,43	92,36	64,3	0,90	-	1,67
1,44	92,51	64,4	0,91	-	1,68

z-Werte mit den zugehörigen Prozentrang- und T-Werten

z	Prozent-rang	T = 50 + 10z	Konfidenzintervall der z-Werte		
1,45	92,65	64,5	0,92	-	1,69
1,46	92,79	64,6	0,93	-	1,70
1,47	92,92	64,7	0,94	-	1,71
1,48	93,06	64,8	0,95	-	1,72
1,49	93,19	64,9	0,96	-	1,73
1,50	93,32	65,0	0,97	-	1,73
1,51	93,45	65,1	0,97	-	1,74
1,52	93,57	65,2	0,98	-	1,75
1,53	93,70	65,3	0,99	-	1,76
1,54	93,82	65,4	1,00	-	1,77
1,55	93,94	65,5	1,01	-	1,78
1,56	94,06	65,6	1,02	-	1,79
1,57	94,18	65,7	1,03	-	1,80
1,58	94,29	65,8	1,04	-	1,81
1,59	94,41	65,9	1,05	-	1,82
1,60	94,52	66,0	1,06	-	1,82
1,61	94,63	66,1	1,06	-	1,83
1,62	94,74	66,2	1,07	-	1,84
1,63	94,84	66,3	1,08	-	1,85
1,64	94,95	66,4	1,09	-	1,86
1,65	95,05	66,5	1,10	-	1,87
1,66	95,15	66,6	1,11	-	1,88
1,67	95,25	66,7	1,12	-	1,89
1,68	95,35	66,8	1,13	-	1,90
1,69	95,45	66,9	1,14	-	1,91
1,70	95,54	67,0	1,15	-	1,91
1,71	95,64	67,1	1,15	-	1,92
1,72	95,73	67,2	1,16	-	1,93
1,73	95,82	67,3	1,17	-	1,94
1,74	95,91	67,4	1,18	-	1,95
1,75	95,99	67,5	1,19	-	1,96
1,76	96,08	67,6	1,20	-	1,97
1,77	96,16	67,7	1,21	-	1,98
1,78	96,25	67,8	1,22	-	1,99
1,79	96,33	67,9	1,23	-	2,00
1,80	96,41	68,0	1.24	-	2,00
1,81	96,49	68,1	1,24	-	2,01
1,82	96,56	68,2	1,25	-	2,02

z-Werte mit den zugehörigen Prozentrang- und T-Werten

z	Prozent-rang	T = 50 + 10z	Konfidenzintervall der z-Werte		
1,83	96,64	68,3	1,26	-	2,03
1,84	96,71	68,4	1,27	-	2,04
1,85	96,78	68,5	1,28	-	2,05
1,86	96,86	68,6	1,29	-	2,06
1,87	96,93	68,7	1,30	-	2,07
1,88	96,99	68,8	1,31	-	2,08
1,89	97,06	68,9	1,32	-	2,09
1,90	97,13	69,0	1,33	-	2,09
1,91	97,19	69,1	1,33	-	2,10
1,92	97,26	69,2	1,34	-	2,11
1,93	97,32	69,3	1,35	-	2,12
1,94	97,38	69,4	1,36	-	2,13
1,95	97,44	69,5	1,37	-	2,14
1,96	97,50	69,6	1,38	-	2,15
1,97	97,56	69,7	1,39	-	2,16
1,98	97,61	69,8	1,40	-	2,17
1,99	97,67	69,9	1,41	-	2,18
2,00	97,72	70,0	1,42	-	2,18
2,01	97,78	70,1	1,42	-	2,19
2,02	97,83	70,2	1,43	-	2,20
2,03	97,88	70,3	1,44	-	2,21
2,04	97,93	70,4	1,45	-	2,22
2,05	97,98	70,5	1,46	-	2,23
2,06	98,03	70,6	1,47	-	2,24
2,07	98,08	70,7	1,48	-	2,25
2,08	98,12	70,8	1,49	-	2,26
2,09	98,17	70,9	1,50	-	2,27
2,10	98,21	71,0	1,51	-	2,27
2,11	98,26	71,1	1,51	-	2,28
2,12	98,30	71,2	1,52	-	2,29
2,13	98,34	71,3	1,53	-	2,30
2,14	98,38	71,4	1,54	-	2,31
2,15	98,42	71,5	1,55	-	2,32
2,16	98,46	71,6	1,56	-	2,33
2,17	98,50	71,7	1,57	-	2,34
2,18	98,54	71,8	1,58	-	2,35
2,19	98,57	71,9	1,59	-	2,36
2,20	98,61	72,0	1,60	-	2,36

z-Werte mit den zugehörigen Prozentrang- und T-Werten

	Prozent-rang	T = 50 + 10z	Konfidenzintervall der z-Werte	
2,21	98,64	72,1	1,60	-	2,37
2,22	98,68	72,5	1,61	-	2,38
2,23	98,71	72,6	1,62	-	2,39
2,24	98,75	72,7	1,63	-	2,40
2,25	98,78	72,8	1,64	-	2,41
2,26	98,81	72,9	1,65	-	2,42
2,27	98,84	73,0	1,66	-	2,43
2,28	98,87	73,1	1,67	-	2,44
2,29	98,90	73,2	1,68	-	2,45
2,30	98,93	73,3	1,69	-	2,45
2,31	98,96	73,4	1,69	-	2,46
2,32	98,98	73,5	1,70	-	2,47
2,33	99,01	73,6	1,71	-	2,48
2,34	99,04	73,7	1,72	-	2,49
2,35	99,06	73,8	1,73	-	2,50
2,36	99,09	73,9	1,74	-	2,51
2,37	99,11	74,0	1,75	-	2,52
2,38	99,13	74,1	1,76	-	2,53
2,39	99,16	74,2	1,77	-	2,54
2,40	99,18	74,3	1,78	-	2,54
2,41	99,20	74,4	1,78	-	2,55
2,42	99,22	74,5	1,79	-	2,56
2,43	99,25	73,1	1,80	-	2,57
2,44	99,27	73,2	1,81	-	2,58
2,45	99,29	73,3	1,82	-	2,59
2,46	99,31	74,6	1,83	-	2,60
2,47	99,32	74,7	1,84	-	2,61
2,48	99,34	74,8	1,85	-	2,61
2,49	99,36	74,9	1,86	-	2,63
2,50	99,38	75,0	1,87	-	2,63
2,51	99,40	75,1	1,87	-	2,64
2,52	99,41	75,2	1,88	-	2,65
2,53	99,43	75,3	1,89	-	2,66
2,54	99,45	75,4	1,90	-	2,67
2,55	99,46	75,5	1,91	-	2,68
2,56	99,48	75,6	1,92	-	2,69
2,57	99,49	75,7	1,93	-	2,70
2,58	99,51	75,8	1,94	-	2,71

z-Werte mit den zugehörigen Prozentrang- und T-Werten

z	Prozent-rang	T = 50 + 10z	Konfidenzintervall der z-Werte		
2,59	99,52	75,9	1,95	-	2,72
2,60	99,53	76,0	1,96		2,72
2,61	99,55	76,1	1,96		2,73
2,62	99,56	76,2	1,97	-	2,74
2,63	99,57	76,3	1,98	-	2,75
2,64	99,59	76,4	1,99	-	2,76
2,65	99,60	76,5	2,00	-	2,77
2,66	99,61	76,6	2,01	-	2,78
2,67	99,62	76,7	2,02	-	2,79
2,68	99,63	76,8	2,03	-	2,80
2,69	99,64	76,9	2,04	-	2,81
2,70	99,65	77,0	2,05	-	2,81
2,71	99,66	77,1	2,05	-	2,82
2,72	99,67	77,2	2,06	-	2,83
2,73	99,68	77,3	2,07	-	2,84
2,74	99,69	77,4	2,08	-	2,85
2,75	99,70	77,5	2,09	-	2,86
2,76	99,71	77,6	2,10	-	2,87
2,77	99,72	77,7	2,11	-	2,88
2,78	99,73	77,8	2,12	-	2,89
2,79	99,74	77,9	2,13	-	2,90
2,80	99,74	78,0	2,14	-	2,90
2,81	99,75	78,1	2,14	-	2,91
2,82	99,76	78,2	2,15	-	2,92
2,83	99,77	78,3	2,16	-	2,93
2,84	99,77	78,4	2,17	-	2,94
2,85	99,78	78,5	2,18	-	2,95
2,86	99,79	78,6	2,19	-	2,96
2,87	99,79	78,7	2,20	-	2,97
2,88	99,80	78,8	2,21	-	2,98
2,89	99,81	78,9	2,22	-	2,99
2,90	99,81	79,0	2,23	-	2,99
2,91	99,82	79,1	2,23	-	3,00
2,92	99,82	79,2	2,24	-	3,01
2,93	99,83	79,3	2,25	-	3,02
2,94	99,84	79,4	2,26	-	3,03
2,95	99,84	79,5	2,27	-	3,04
2,96	99,85	79,6	2,28	-	3,05

z-Werte mit den zugehörigen Prozentrang- und T-Werten

z	Prozent-rang	T = 50 + 10z	Konfidenzintervall der z-Werte	
2,97	99,85	79,7	2,29	- 3,06
2,98	99,86	79,8	2,30	- 3,07
2,99	99,86	79,9	2,31	- 3,06
3,00	99,87	80	2,32	- 3,08
3,10	99,90	81	2,41	- 3,17
3,20	99.93	82	2,50	- 3,26
3,30	99.95	83	2,59	- 3,35
3,40	99,97	84	2,68	- 3,44
3,50	99,98	85	2,77	- 3,53
3,60	99,98	86	2,86	- 3,62
3,70	99,99	87	2,95	- 3,71
3,80	99,99	88	3,04	- 3,80
3,90	100	89	3,13	- 3,89

7.2 T-Wert-Tabelle

Prozentränge mit den zugehörigen z- und T- Werten [26]				
Prozent-rang	z	T	Konfidenzintervall der	
			T- Werte	Prozentränge
0,1	- 3,090	19,1	18,3 - 26,0	0,1 - 0,8
0,2	- 2,878	21,2	20,3 - 27,9	0,2 - 1,4
0,3	- 2,748	22,5	21,4 - 29,1	0,2 - 1,8
0,4	- 2,652	23,5	22,3 - 30,0	0,3 - 2,3
0,5	- 2,576	24,2	23,0 - 30,7	0,3 - 2,7
0,6	- 2,512	24,9	23,6 - 31,2	0,4 - 3,0
0,7	- 2,457	25,4	24,0 - 31,7	0,5 - 3,4
0,8	- 2,409	25,9	24,5 - 32,2	0,5 - 3,7
0,9	- 2,366	26,3	24,9 - 32,6	0,6 - 4,1
1,0	- 2,326	26,7	25,2 - 32,9	0,7 - 4,4
1,1	- 2,290	27,1	25,5 - 33,2	0,7 - 4,7
1,2	- 2,257	27,4	25,8 - 33,5	0,8 - 5,0
1,3	- 2,226	27,7	26,1 - 33,8	0,8 - 5,3
1,4	- 2,197	28,0	26,4 - 34,1	0,9 - 5,6
1,5	- 2,170	28,3	26,6 - 34,3	1,0 - 5,8
1,6	- 2,144	28,6	26,9 - 34,5	1,0 - 6,1
1,7	- 2,120	28,8	27,1 - 34,8	1,1 - 6,4
1,8	- 2,097	29,0	27,3 - 35,0	1,2 - 6,7
1,9	- 2,075	29,3	27,5 - 35,2	1,2 - 6,9
2,0	- 2,054	29,5	27,7 - 35,4	1,3 - 7,2
2,1	- 2,034	29,7	27,9 - 35,4	1,4 - 7,4
2,2	- 2,014	29,9	28,0 - 35,7	1,4 - 7,6
2,3	- 1,995	30,0	28,2 - 35,9	1,5 - 7,9
2,4	- 1,977	30,2	28,4 - 36,1	1,5 - 8,3
2,5	- 1,960	30,4	28,5 - 36,2	1,6 - 8,4
2,6	- 1,943	30,6	28,7 - 36,4	1,7 - 8,7
2,7	- 1,927	30,7	28,8 - 36,5	1,7 - 8,9
2,8	- 1,911	30,9	29,0 - 36,7	1,8 - 9,2
2,9	- 1,896	31,0	29,1 - 36,8	1,8 - 9,3

[26] Die Werte entstammen dem Normwertrechner von Psychometrica, Siehe: https/www,psychometrica,de/normwertrechner,html. Die Berechnung der Konfidenzintervalle erfolgt auf der Basis des Standardschätzfehlers und unter Berücksichtigung der Regression zur Mitte, Sie bewirkt, dass die zu 90% sicheren Konfidenzintervalle mit einer Reliabilität von 0,90 nicht symmetrisch um die zugehörigen T-Werte und Prozentränge liegen.

Prozentränge mit den zugehörigen z- und T- Werten

Prozent-rang	z	T	Konfidenzintervall der	
			T- Werte	Prozentränge
3,0	- 1,881	31,2	29,2 - 36,9	1,9 - 9,5
3,1	- 1,866	31,3	29,4 - 37,1	2,0 - 9,9
3,2	- 1,852	31,5	29,5 - 37,2	2,0 - 10,0
3,3	- 1,838	31,6	29,6 - 37,3	2,1 - 10,2
3,4	- 1,825	31,7	29,7 - 37,4	2,1 - 10,4
3,5	- 1,812	31,9	29,9 - 37,5	2,2 - 10,6
3,6	- 1,799	32,0	30,0 - 37,7	2,3 - 10,9
3,7	- 1,787	32,1	30,1 - 37,8	2,3 - 11,1
3,8	- 1,774	32,3	30,2 - 37,9	2,4 - 11,3
3,9	- 1,762	32,4	30,3 - 38,0	2,4 - 11,5
4,0	- 1,751	32,5	30,4 - 38,1	2,5 - 11,7
4,1	- 1,739	32,6	30,5 - 38,2	2,6 - 11,9
4,2	- 1,728	32,7	30,6 - 38,3	2,6 - 12,1
4,3	- 1,717	32,8	30,7 - 38,4	2,7 - 12,3
4,4	- 1,706	32,9	30,8 - 38,5	2,7 - 12,5
4,5	- 1,695	33,0	30,9 - 38,6	2,8 - 12,7
4,6	- 1,685	33,2	31,0 - 38,7	2,9 - 12,9
4,7	- 1,675	33,3	31,1 - 38,8	2,9 - 13,1
4,8	- 1,665	33,4	31,2 - 38,9	3,0 - 13,4
4,9	- 1,655	33,5	31,3 - 39,0	3,1 - 13,6
5,0	- 1,645	33,6	31,4 - 39,0	3,1 - 13,6
5,1	- 1,635	33,6	31,4 - 39,1	3,1 - 13,8
5,2	- 1,626	33,7	31,5 - 39,2	3,2 - 14,0
5,3	- 1,616	33,8	31,6 - 39,3	3,3 - 14,2
5,4	- 1,607	33,9	31,7 - 39,4	3,4 - 14,5
5,5	- 1,598	34,0	31,8 - 39,5	3,4 - 14,7
5,6	- 1,589	34,1	31,9 - 39,5	3,5 - 14,7
5,7	- 1,580	34,2	31,9 - 39,6	3,5 - 14,9
5,8	- 1,572	34,3	32,0 - 39,7	3,6 - 15,2
5,9	- 1,563	34,4	32,1 - 39,8	3,7 - 15,4
6,0	- 1,555	34,5	32,2 - 39,9	3,8 - 15,6
6,1	- 1,546	34,5	32,2 - 39,9	3,8 - 15,6
6,2	- 1,538	34,6	32,3 - 40,0	3,8 - 15,9
6,3	- 1,530	34,7	32,4 - 40,1	3,9 - 16,1
6,4	- 1,522	34,8	32,5 - 40,2	4,0 - 16,4
6,5	- 1,514	34,9	32,5 - 40,2	4,0 - 16,4
6,6	- 1,506	34,9	32,6 - 40,3	4,1 - 16,6
6,7	- 1,499	35,0	32,7 - 40,4	4,2- - 16,9
6,8	- 1,491	35,1	32,7 - 40,4	4,2 - 16,9
6,9	- 1,483	35,2	32,8 - 40,5	4,3 - 17,1
7,0	- 1,476	35,2	32,9 - 40,6	4,4 - 17,4
7,1	- 1,468	35,3	32,9 - 40,6	4,4 - 17,4

Prozentränge mit den zugehörigen z- und T- Werten

Prozent-rang	z	T	Konfidenzintervall der	
			T- Werte	Prozentränge
7,2	- 1,461	35,4	33,0 - 40,7	4,5 - 17,6
7,3	- 1,454	35,5	33,1 - 40,8	4,6 - 17,9
7,4	- 1,447	35,5	33,1 - 40,8	4,6 - 17,9
7,5	- 1,440	35,6	33,2 - 40,9	4,7 - 18,1
7,6	- 1,433	35,7	33,3 - 41,0	4,8 - 18,4
7,7	- 1,426	35,7	33,3 - 41,0	4,8 - 18,4
7,8	- 1,419	35,8	33,4 - 41,1	4,9 - 18,7
7,9	- 1,412	35,9	33,5 - 41,1	5,0 - 18,7
8,0	- 1,405	35,9	33,5 - 41,2	5,0 - 18,9
8,1	- 1,398	36,0	33,6 - 41,3	5,1 - 19,2
8,2	- 1,392	36,1	33,6 - 41,3	5,1 - 19,2
8,3	- 1,385	36,1	33,7 - 41,4	5,2 - 19,5
8,4	- 1,379	36,2	33,8 - 41,4	5,3 - 19,5
8,5	- 1,372	36,3	33,8 - 41,5	5,3 - 19,8
8,6	- 1,366	36,3	33,9 - 41,6	5,4 - 20,1
8,7	- 1,359	36,4	33,9 - 41,6	5,4 - 20,1
8,8	- 1,353	36,5	34,0 - 41,7	5,5 - 20,3
8,9	- 1,347	36,5	34,1 - 41,7	5,6 - 20,3
9,0	- 1,341	36,6	34,1 - 41,8	5,6 - 20,6
9,1	- 1,335	36,7	34,1 - 41,8	5,6 - 20,6
9,2	- 1,329	36,7	34,2 - 41,9	5,7 - 20,9
9,3	- 1,323	36,8	34,3 - 41,9	5,8 - 20,9
9,4	- 1,317	36,8	34,3 - 42,0	5,8 - 21,2
9,5	- 1,311	36,9	34,4 - 42,1	5,9 - 21,5
9,6	- 1,305	37,0	34,4 - 42,1	5,9 - 21,5
9,7	- 1,299	37,0	34,5 - 42,2	6,1 - 21,8
9,8	- 1,293	37,1	34,5 - 42,2	6,1 - 21,8
9,9	- 1,287	37,1	34,6 - 42,3	6,2 - 22,1
10,0	- 1,282	37,2	34,6 - 42,3	6,2 - 22,1
10,1	- 1,276	37,2	34,7 - 42,4	6,3 - 22,4
10,2	- 1,270	37,3	34,7 - 42,4	6,3 - 22,4
10,3	- 1,265	37,4	34,8 - 42,5	6,4 - 22,7
10,4	- 1,259	37,4	34,8 - 42,5	6,4 - 22,7
10,5	- 1,254	37,5	34,9 - 42,6	6,6 - 23,0
10,6	- 1,248	37,5	34,9 - 42,6	6,6 - 23,0
10,7	- 1,243	37,6	35,0 - 42,7	6,7 - 23,3
10,8	- 1,237	37,6	35,0 - 42,7	6,7 - 23,3
10,9	- 1,232	37,7	35,1 - 42,8	6,8 - 23,6
11,0	- 1,227	37,7	35,1 - 42,8	6,8 - 23,6
11,1	- 1,221	37,8	35,2 - 42,9	6,9 - 23,9
11,2	- 1,216	37,8	35,2 - 42,9	6,9 - 23,9
11,3	- 1,211	37,9	35,3 - 43,0	7,1 - 24,2

Prozentränge mit den zugehörigen z- und T- Werten

Prozent-rang	z	T	Konfidenzintervall der T- Werte	Konfidenzintervall der Prozentränge
11,4	- 1,206	37,9	35,3 - 43,0	7,1 - 24,2
11,5	- 1,200	38,0	35,4 - 43,0	7,2 - 24,2
11,6	- 1,195	38,0	35,4 - 43,1	7,2 - 24,5
11,7	- 1,190	38,1	35,4 - 43,1	7,2 - 24,5
11,8	- 1,185	38,1	35,5 - 43,2	7,4 - 24,8
11,9	- 1,180	38,2	35,5 - 43,2	7,4 - 24,8
12,0	- 1,175	38,3	35,6 - 43,3	7,5 - 25,1
12,1	- 1,170	38,3	35,6 - 43,3	7,5 - 25,1
12,2	- 1,165	38,3	35,7 - 43,4	7,6 - 25,5
12,3	- 1,160	38,4	35,7 - 43,4	7,6 - 25,5
12,4	- 1,155	38,4	35,8 - 43,5	7,8 - 25,8
12,5	- 1,150	38,5	35,8 - 43,5	7,8 - 25,8
12,6	- 1,146	38,5	35,9 - 43,5	7,9 - 25,8
12,7	- 1,141	38,6	35,9 - 43,6	7,9 - 26,1
12,8	- 1,136	38,6	35,9 - 43,6	7,9 - 26,1
12,9	- 1,131	38,7	36,0 - 43,7	8,1 - 26,4
13,0	- 1,126	38,7	36,0 - 43,7	8,1 - 26,4
13,1	- 1,122	38,8	36,1 - 43,8	8,2 - 26,8
13,2	- 1,117	38,8	36,1 - 43,8	8,2 - 26,8
13,3	- 1,112	38,9	36,1 - 43,9	8,2 - 27,1
13,4	- 1,108	38,9	36,2 - 43,9	8,4 - 27,1
13,5	- 1,103	39,0	36,2 - 43,9	8,4 - 27,1
13,6	- 1,098	39,0	36,3 - 44,0	8,5 - 27,4
13,7	- 1,094	39,1	36,3 - 44,0	8,5 - 27,4
13,8	- 1,089	39,1	36,4 - 44,0	8,7 - 27,4
13,9	- 1,085	39,2	36,4 - 44,1	8,7 - 27,8
14,0	- 1,080	39,2	36,4 - 44,1	8,7 - 27,8
14,1	- 1,076	39,2	36,5 - 44,2	8,9 - 28,1
14,2	- 1,071	39,3	36,5 - 44,2	8,9 - 28,1
14,3	- 1,067	39,3	36,6 - 44,2	9,0 - 28,1
14,4	- 1,063	39,4	36,6 - 44,3	9,0 - 28,4
14,5	- 1,058	39,4	36,6 - 44,3	9,0 - 28,4
14,6	- 1,054	39,5	36,7 - 44,4	9,2 - 28,8
14,7	- 1,049	39,5	36,7 - 44,4	9,2 - 28,8
14,8	- 1,045	39,5	36,8 - 44,4	9,3 - 28,8
14,9	- 1,041	39,6	36,8 - 44,5	9,3 - 29,1
15,0	- 1,036	39,6	36,8 - 44,5	9,3 - 29,1
15,1	- 1,032	39,7	36,9 - 44,6	9,5 - 29,5
15,2	- 1,028	39,7	36,9 - 44,6	9,5 - 29,5
15,3	- 1,024	39,8	36,9 - 44,6	9,5 - 29,5

Prozentränge mit den zugehörigen z- und T- Werten

Prozent-rang	z	T	Konfidenzintervall der	
			T- Werte	Prozentränge
15,4	- 1,019	39,8	37,0 - 44,7	9,7 - 29,8
15,5	- 1,015	39,8	37,0 - 44,7	9,7 - 29,8
15,6	- 1,011	39,9	37,1 - 44,8	9,9 - 30,2
15,7	- 1,007	39,9	37,1 - 44,8	9,9 - 30,2
15,8	- 1,003	40,0	37,1 - 44,8	9,9 - 30,2
15,9	- 0,999	40,0	37,2 - 44,9	10,0 - 30,5
16,0	- 0,994	40,1	37,2 - 44,9	10,0 - 30,5
16,1	- 0,990	40,1	37,2 - 44,9	10,0 - 30,5
16,2	- 0,986	40,1	37,3 - 45,0	10,2 - 30,9
16,3	- 0,982	40,2	37,3 - 45,0	10,2 - 30,9
16,4	- 0,978	40,2	37,4 - 45,0	10,4 - 30,9
16,5	- 0,974	40,3	37,4 - 45,1	10,4 - 31,2
16,6	- 0,970	40,3	37,4 - 45,1	10,4 - 31,2
16,7	- 0,966	40,3	37,5 - 45,2	10,6 - 31,6
16,8	- 0,962	40,4	37,5 - 45,2	10,6 - 31,6
16,9	- 0,958	40,4	37,5 - 45,2	10,6 - 31,6
17,0	- 0,954	40,5	37,6 - 45,3	10,8 - 31,9
17,1	- 0,950	40,5	37,6 - 45,3	10,8 - 31,9
17,2	- 0,946	40,5	37,6 - 45,3	10,8 - 31,9
17,3	- 0,942	40,6	37,7 - 45,4	10,9 - 32,3
17,4	- 0,938	40,6	37,7 - 45,4	10,9 - 32,3
17,5	- 0,935	40,7	37,7 - 45,4	10,9 - 32,3
17,6	- 0,931	40,7	37,8 - 45,5	11,1 - 32,6
17,7	- 0,927	40,7	37,8 - 45,5	11,1 - 32,6
17,8	- 0,923	40,8	37,9 - 45,5	11,3 - 32,6
17,9	- 0,919	40,8	37,9 - 45,6	11,3 - 33,0
18,0	- 0,915	40,8	37,9 - 45,6	11,3 - 33,0
18,1	- 0,912	40,9	38,0 - 45,6	11,5 - 33,0
18,2	- 0,908	40,9	38,0 - 45,7	11,5 - 33,4
18,3	- 0,904	41,0	38,0 - 45,7	11,5 - 33,4
18,4	- 0,900	41,0	38,1 - 45,7	11,7 - 33,4
18,5	- 0,896	41,0	38,1 - 45,8	11,7 - 33,7
18,6	- 0,893	41,1	38,1 - 45,8	11,7 - 33,7
18,7	- 0,889	41,1	38,2 - 45,8	11,9 - 33,7
18,8	- 0,885	41,1	38,2 - 45,9	11,9 - 34,1
18,9	- 0,882	41,2	38,2 - 45,9	11,9 - 34,1
19,0	- 0,878	41,2	38,3 - 45,9	12,1 - 34,1
19,1	- 0,874	41,3	38,3 - 46,0	12,1 - 34,5
19,2	- 0,871	41,3	38,3 - 46,0	12,1 - 34,5
19,3	- 0,867	41,3	38,4 - 46,0	12,3 - 34,5

Prozentränge mit den zugehörigen z- und T- Werten

Prozent-rang	z	T	Konfidenzintervall der	
			T- Werte	Prozentränge
19,4	- 0,863	41,4	38,4 - 46,1	12,3 - 34,8
19,5	- 0,860	41,4	38,4 - 46,1	12,3 - 34,8
19,6	- 0,856	41,4	38,5 - 46,1	12,5 - 34,8
19,7	- 0,852	41,5	38,5 - 46,2	12,5 - 35,2
19,8	- 0,849	41,5	38,5 - 46,2	12,5 - 35,2
19,9	- 0,845	41,5	38,6 - 46,2	12,7 - 35,2
20,0	- 0,842	41,6	38,6 - 46,3	12,7 - 35,6
20,1	- 0,838	41,6	38,6 - 46,3	12,7 - 35,6
20,2	- 0,834	41,7	38,6 - 46,3	12,7 - 35,6
20,3	- 0,831	41,7	38,7 - 46,4	12,9 - 35,9
20,4	- 0,827	41,7	38,7 - 46,4	12,9 - 35,9
20,5	- 0,824	41,8	38,7 - 46,4	12,9 - 35,9
20,6	- 0,820	41,8	38,8 - 46,5	13,1 - 36,3
20,7	- 0,817	41,8	38,8 - 46,5	13,1 - 36,3
20,8	- 0,813	41,9	38,8 - 46,5	13,1 - 36,3
20,9	- 0,810	41,9	38,9 - 46,6	13,4 - 36,7
21,0	- 0,806	41,9	38,9 - 46,6	13,4 - 36,7
21,1	- 0,803	42,0	38,9 - 46,6	13,4 - 36,7
21,2	- 0,800	42,0	39,0 - 46,7	13,6 - 37,1
21,3	- 0,796	42,0	39,0 - 46,7	13,6 - 37,1
21,4	- 0,793	42,1	39,0 - 46,7	13,6 - 37,1
21,5	- 0,789	42,1	39,1 - 46,7	13,8 - 37,1
21,6	- 0,786	42,1	39,1 - 46,8	13,8 - 37,5
21,7	- 0,782	42,2	39,1 - 46,8	13,8 - 37,5
21,8	- 0,779	42,2	39,1 - 46,8	13,8 - 37,5
21,9	- 0,776	42,2	39,2 - 46,9	14,0 - 37,8
22,0	- 0,772	42,3	39,2 - 46,9	14,0 - 37,8
22,1	- 0,769	42,3	39,2 - 46,9	14,0 - 37,8
22,2	- 0,765	42,3	39,3 - 47,0	14,2 - 38,2
22,3	- 0,762	42,4	39,3 - 47,0	14,2 - 38,2
22,4	- 0,759	42,4	39,3 - 47,0	14,2 - 38,2
22,5	- 0,755	42,4	39,4 - 47,1	14,5 - 38,6
22,6	- 0,752	42,5	39,4 - 47,1	14,5 - 38,6
22,7	- 0,749	42,5	39,4 - 47,1	14,5 - 38,6
22,8	- 0,745	42,5	39,5 - 47,1	14,7 - 38,6
22,9	- 0,742	42,6	39,5 - 47,2	14,7 - 39,0
23,0	- 0,739	42,6	39,5 - 47,2	14,7 - 39,0
23,1	- 0,736	42,6	39,5 - 47,2	14,7 - 39,0
23,2	- 0,732	42,7	39,6 - 47,3	14,9 - 39,4
23,3	- 0,729	42,7	39,6 - 47,3	14,9 - 39,4

Prozentränge mit den zugehörigen z- und T- Werten

Prozent-rang	z	T	Konfidenzintervall der	
			T- Werte	Prozentränge
23,4	- 0,726	42,7	39,6 - 47,3	14,9 - 39,4
23,5	- 0,722	42,8	39,7 - 47,3	15,2 - 39,4
23,6	- 0,719	42,8	39,7 - 47,4	15,2 - 39,7
23,7	- 0,716	42,8	39,7 - 47,4	15,2 - 39,7
23,8	- 0,713	42,9	39,7 - 47,4	15,2 - 39,7
23,9	- 0,710	42,9	39,8 - 47,5	15,4 - 40,1
24,0	- 0,706	42,9	39,8 - 47,5	15,4 - 40,1
24,1	- 0,703	43,0	39,8 - 47,5	15,4 - 40,1
24,2	- 0,700	43,0	39,9 - 47,6	15,6 - 40,5
24,3	- 0,697	43,0	39,9 - 47,6	15,6 - 40,5
24,4	- 0,693	43,1	39,9 - 47,6	15,6 - 40,5
24,5	- 0,690	43,1	39,9 - 47,6	15,6 - 40,5
24,6	- 0,687	43,1	40,0 - 47,7	15,9 - 40,9
24,7	- 0,684	43,2	40,0 - 47,7	15,9 - 40,9
24,8	- 0,681	43,2	40,0 - 47,7	15,9 - 40,9
24,9	- 0,678	43,2	40,1 - 47,8	16,1 - 41,3
25,0	- 0,674	43,3	40,1 - 47,8	16,1 - 41,3
25,1	- 0,671	43,3	40,1 - 47,8	16,1 - 41,3
25,2	- 0,668	43,3	40,1 - 47,8	16,1 - 41,3
25,3	- 0,665	43,3	40,2 - 47,9	16,4 - 41,7
25,4	- 0,662	43,4	40,2 - 47,9	16,4 - 41,7
25,5	- 0,659	43,4	40,2 - 47,9	16,4 - 41,7
25,6	- 0,656	43,4	40,3 - 47,9	16,6 - 41,7
25,7	- 0,653	43,5	40,3 - 48,0	16,6 - 42,1
25,8	- 0,650	43,5	40,3 - 48,0	16,6 - 42,1
25,9	- 0,646	43,5	40,3 - 48,0	16,6 - 42,1
26,0	- 0,643	43,6	40,4 - 48,1	16,9 - 42,5
26,1	- 0,640	43,6	40,4 - 48,1	16,9 - 42,5
26,2	- 0,637	43,6	40,4 - 48,1	16,9 - 42,5
26,3	- 0,634	43,7	40,5 - 48,1	17,1 - 42,5
26,4	- 0,631	43,7	40,5 - 48,2	17,1 - 42,9
26,5	- 0,628	43,7	40,5 - 48,2	17,1 - 42,9
26,6	- 0,625	43,8	40,5 - 48,2	17,1 - 42,9
26,7	- 0,622	43,8	40,6 - 48,3	17,4 - 43,3
26,8	- 0,619	43,8	40,6 - 48,3	17,4 - 43,3
26,9	- 0,616	43,8	40,6 - 48,3	17,4 - 43,3
27,0	- 0,613	43,9	40,6 - 48,3	17,4 - 43,3
27,1	- 0,610	43,9	40,7 - 48,4	17,6 - 43,6
27,2	- 0,607	43,9	40,7 - 48,4	17,6 - 43,6
27,3	- 0,604	44,0	40,7 - 48,4	17,6 - 43,6

Prozentränge mit den zugehörigen z- und T- Werten

Prozent-rang	z	T	Konfidenzintervall der	
			T- Werte	Prozentränge
27,4	- 0,601	44,0	40,8 - 48,4	17,9 - 43,6
27,5	- 0,598	44,0	40,8 - 48,5	17,9 - 44,0
27,6	- 0,595	44,1	40,8 - 48,5	17,9 - 44,0
27,7	- 0,592	44,1	40,8 - 48,5	17,9 - 44,0
27,8	- 0,589	44,1	40,9 - 48,6	18,1 - 44,4
27,9	- 0,586	44,1	40,9 - 48,6	18,1 - 44,4
28,0	- 0,583	44,2	40,9 - 48,6	18,1 - 44,4
28,1	- 0,580	44,2	40,9 - 48,6	18,1 - 44,4
28,2	- 0,577	44,2	41,0 - 48,7	18,4 - 44,8
28,3	- 0,574	44,3	41,0 - 48,7	18,4 - 44,8
28,4	- 0,571	44,3	41,0 - 48,7	18,4 - 44,8
28,5	- 0,568	44,3	41,0 - 48,7	18,4 - 44,8
28,6	- 0,565	44,3	41,1 - 48,8	18,7 - 45,2
28,7	- 0,562	44,4	41,1 - 48,8	18,7 - 45,2
28,8	- 0,559	44,4	41,1 - 48,8	18,7 - 45,2
28,9	- 0,556	44,4	41,2 - 48,8	18,9 - 45,2
29,0	- 0,553	44,5	41,2 - 48,9	18,9 - 45,6
29,1	- 0,550	44,5	41,2 - 48,9	18,9 - 45,6
29,2	- 0,548	44,5	41,2 - 48,9	18,9 - 45,6
29,3	- 0,545	44,6	41,3 - 48,9	19,2 - 45,6
29,4	- 0,542	44,6	41,3 - 49,0	19,2 - 46,0
29,5	- 0,539	44,6	41,3 - 49,0	19,2 - 46,0
29,6	- 0,536	44,6	41,3 - 49,0	19,2 - 46,0
29,7	- 0,533	44,7	41,4 - 49,1	19,5 - 46,4
29,8	- 0,530	44,7	41,4 - 49,1	19,5 - 46,4
29,9	- 0,527	44,7	41,4 - 49,1	19,5 - 46,4
30,0	- 0,524	44,8	41,4 - 49,1	19,5 - 46,4
30,1	- 0,522	44,8	41,5 - 49,2	19,8 - 46,8
30,2	- 0,519	44,8	41,5 - 49,2	19,8 - 46,8
30,3	- 0,516	44,8	41,5 - 49,2	19,8 - 46,8
30,4	- 0,513	44,9	41,5 - 49,2	19,8 - 46,8
30,5	- 0,510	44,9	41,6 - 49,3	20,1 - 47,2
30,6	- 0,507	44,9	41,6 - 49,3	20,1 - 47,2
30,7	- 0,504	45,0	41,6 - 49,3	20,1 - 47,2
30,8	- 0,502	45,0	41,6 - 49,3	20,1 - 47,2
30,9	- 0,499	45,0	41,7 - 49,4	20,3 - 47,6
31,0	- 0,496	45,0	41,7 - 49,4	20,3 - 47,6
31,2	- 0,490	45,1	41,7 - 49,4	20,3 - 47,6
31,3	- 0,487	45,1	41,8 - 49,5	20,6 - 48,0
31,4	- 0,485	45,2	41,8 - 49,5	20,6 - 48,0

Prozentränge mit den zugehörigen z- und T- Werten

Prozent-rang	z	T	Konfidenzintervall der	
			T- Werte	Prozentränge
31,5	- 0,482	45,2	41,8 - 49,5	20,6 - 48,0
31,6	- 0,479	45,2	41,9 - 49,5	20,9 - 48,0
31,7	- 0,476	45,2	41,9 - 49,6	20,9 - 48,4
31,8	- 0,473	45,3	41,9 - 49,6	20,9 - 48,4
31,9	- 0,470	45,3	41,9 - 49,6	20,9 - 48,4
32,0	- 0,468	45,3	42,0 - 49,6	21,2 - 48,4
32,1	- 0,465	45,4	42,0 - 49,7	21,2 - 48,8
32,2	- 0,462	45,4	42,0 - 49,7	21,2 - 48,8
32,3	- 0,459	45,4	42,0 - 49,7	21,2 - 48,8
32,4	- 0,457	45,4	42,1 - 49,7	21,5 - 48,8
32,5	- 0,454	45,5	42,1 - 49,8	21,5 - 49,2
32,6	- 0,451	45,5	42,1 - 49,8	21,5 - 49,2
32,7	- 0,448	45,5	42,1 - 49,8	21,5 - 49,2
32,8	- 0,445	45,5	42,2 - 49,8	21,8 - 49,2
32,9	- 0,443	45,6	42,2 - 49,9	21,8 - 49,6
33,0	- 0,440	45,6	42,2 - 49,9	21,8 - 49,6
33,1	- 0,437	45,6	42,2 - 49,9	21,8 - 49,6
33,2	- 0,434	45,7	42,3 - 49,9	22,1 - 49,6
33,3	- 0,432	45,7	42,3 - 50,0	22,1 - 50,0
33,4	- 0,429	45,7	42,3 - 50,0	22,1 - 50,0
33,5	- 0,426	45,7	42,3 - 50,0	22,1 - 50,0
33,6	- 0,423	45,8	42,3 - 50,0	22,1 - 50,0
33,7	- 0,421	45,8	42,4 - 50,1	22,4 - 50,4
33,8	- 0,418	45,8	42,4 - 50,1	22,4 - 50,4
33,9	- 0,415	45,8	42,4 - 50,1	22,4 - 50,4
34,0	- 0,412	45,9	42,4 - 50,1	22,4 - 50,4
34,1	- 0,410	45,9	42,5 - 50,2	22,7 - 50,8
34,2	- 0,407	45,9	42,5 - 50,2	22,7 - 50,8
34,3	- 0,404	46,0	42,5 - 50,2	22,7 - 50,8
34,4	- 0,402	46,0	42,5 - 50,2	22,7 - 50,8
34,5	- 0,399	46,0	42,6 - 50,3	23,0 - 51,2
34,6	- 0,396	46,0	42,6 - 50,3	23,0 - 51,2
34,7	- 0,393	46,1	42,6 - 50,3	23,0 - 51,2
34,8	- 0,391	46,1	42,6 - 50,3	23,0 - 51,2
34,9	- 0,388	46,1	42,7 - 50,4	23,3 - 51,6
35,0	- 0,385	46,1	42,7 - 50,4	23,3 - 51,6
35,1	- 0,383	46,2	42,7 - 50,4	23,3 - 51,6
35,2	- 0,380	46,2	42,7 - 50,4	23,3 - 51,6
35,3	- 0,377	46,2	42,8 - 50,5	23,6 - 52,0
35,4	- 0,375	46,3	42,8 - 50,5	23,6 - 52,0

Prozentränge mit den zugehörigen z- und T- Werten

Prozent-rang	z	T	Konfidenzintervall der	
			T- Werte	Prozentränge
35,5	- 0,372	46,3	42,8 - 50,5	23,6 - 52,0
35,6	- 0,369	46,3	42,8 - 50,5	23,6 - 52,0
35,7	- 0,366	46,3	42,9 - 50,6	23,9 - 52,4
35,8	- 0,364	46,4	42,9 - 50,6	23,9 - 52,4
35,9	- 0,361	46,4	42,9 - 50,6	23,9 - 52,4
36,0	- 0,358	46,4	42,9 - 50,6	23,9 - 52,4
36,1	- 0,356	46,4	43,0 - 50,6	24,2 - 52,4
36,2	- 0,353	46,5	43,0 - 50,7	24,2 - 52,8
36,3	- 0,350	46,5	43,0 - 50,7	24,2 - 52,8
36,4	- 0,348	46,5	43,0 - 50,7	24,2 - 52,8
36,5	- 0,345	46,5	43,0 - 50,7	24,2 - 52,8
36,6	- 0,342	46,6	43,0 - 50,8	24,2 - 53,2
36,7	- 0,340	46,6	43,1 - 50,8	24,5 - 53,2
36,8	- 0,337	46,6	43,1 - 50,8	24,5 - 53,2
36,9	- 0,335	46,7	43,1 - 50,8	24,5 - 53,2
37,0	- 0,332	46,7	43,2 - 50,9	24,8 - 53,6
37,1	- 0,329	46,7	43,2 - 50,9	24,8 - 53,6
37,2	- 0,327	46,7	43,2 - 50,9	24,8 - 53,6
37,3	- 0,324	46,8	43,2 - 50,9	24,8 - 53,6
37,4	- 0,321	46,8	43,3 - 51,0	25,1 - 54,0
37,5	- 0,319	46,8	43,3 - 51,0	25,1 - 54,0
37,6	- 0,316	46,8	43,3 - 51,0	25,1 - 54,0
37,7	- 0,313	46,9	43,3 - 51,0	25,1 - 54,0
37,8	- 0,311	46,9	43,4 - 51,1	25,5 - 54,4
37,9	- 0,308	46,9	43,4 - 51,1	25,5 - 54,4
38,0	- 0,305	46,9	43,4 - 51,1	25,5 - 54,4
38,1	- 0,303	47,0	43,4 - 51,1	25,5 - 54,4
38,2	- 0,300	47,0	43,5 - 51,1	25,8 - 54,4
38,3	- 0,298	47,0	43,5 - 51,2	25,8 - 54,8
38,4	- 0,295	47,1	43,5 - 51,2	25,8 - 54,8
38,5	- 0,292	47,1	43,5 - 51,2	25,8 - 54,8
38,6	- 0,290	47,1	43,6 - 51,2	26,1 - 54,8
38,7	- 0,287	47,1	43,6 - 51,2	26,1 - 54,8
38,8	- 0,285	47,2	43,6 - 51,3	26,1 - 55,2
38,9	- 0,282	47,2	43,6 - 51,3	26,1 - 55,2
39,0	- 0,279	47,2	43,6 - 51,3	26,1 - 55,2
39,1	- 0,277	47,2	43,7 - 51,4	26,4 - 55,6
39,2	- 0,274	47,3	43,7 - 51,4	26,4 - 55,6
39,3	- 0,272	47,3	43,7 - 51,4	26,4 - 55,6
39,4	- 0,269	47,3	43,7 - 51,4	26,4 - 55,6

Prozentränge mit den zugehörigen z- und T- Werten

Prozent-rang	z	T	Konfidenzintervall der	
			T- Werte	Prozentränge
39,5	- 0,266	47,3	43,8 - 51,5	26,8 - 56,0
39,6	- 0,264	47,4	43,8 - 51,5	26,8 - 56,0
39,7	- 0,261	47,4	43,8 - 51,5	26,8 - 56,0
39,8	- 0,259	47,4	43,8 - 51,5	26,8 - 56,0
39,9	- 0,256	47,4	43,9 - 51,5	27,1 - 56,0
40,0	- 0,253	47,5	43,9 - 51,6	27,1 - 56,4
40,1	- 0,251	47,5	43,9 - 51,6	27,1 - 56,4
40,2	- 0,248	47,5	43,9 - 51,6	27,1 - 56,4
40,3	- 0,246	47,5	44,0 - 51,6	27,4 - 56,4
40,4	- 0,243	47,6	44,0 - 51,7	27,4 - 56,8
40,5	- 0,240	47,6	44,0 - 51,7	27,4 - 56,8
40,6	- 0,238	47,6	44,0 - 51,7	27,4 - 56,8
40,7	- 0,235	47,6	44,0 - 51,7	27,4 - 56,8
40,8	- 0,233	47,7	44,1 - 51,8	27,8 - 57,1
40,9	- 0,230	47,7	44,1 - 51,8	27,8 - 57,1
41,0	- 0,228	47,7	44,1 - 51,8	27,8 - 57,1
41,1	- 0,225	47,8	44,1 - 51,8	27,8 - 57,1
41,2	- 0,222	47,8	44,2 - 51,8	28,1 - 57,1
41,3	- 0,220	47,8	44,2 - 51,9	28,1 - 57,5
41,4	- 0,217	47,8	44,2 - 51,9	28,1 - 57,5
41,5	- 0,215	47,9	44,2 - 51,9	28,1 - 57,5
41,6	- 0,212	47,9	44,3 - 51,9	28,4 - 57,5
41,7	- 0,210	47,9	44,3 - 52,0	28,4 - 57,9
41,8	- 0,207	47,9	44,3 - 52,0	28,4 - 57,9
41,9	- 0,204	48,0	44,3 - 52,0	28,4 - 57,9
42,0	- 0,202	48,0	44,3 - 52,0	28,4 - 57,9
42,1	- 0,199	48,0	44,4 - 52,1	28,8 - 58,3
42,2	- 0,197	48,0	44,4 - 52,1	28,8 - 58,3
42,3	- 0,194	48,1	44,4 - 52,1	28,8 - 58,3
42,4	- 0,192	48,1	44,4 - 52,1	28,8 - 58,3
42,5	- 0,189	48,1	44,5 - 52,1	29,1 - 58,3
42,6	- 0,187	48,1	44,5 - 52,2	29,1 - 58,7
42,7	- 0,184	48,2	44,5 - 52,2	29,1 - 58,7
42,8	- 0,181	48,2	44,5 - 52,2	29,1 - 58,7
42,9	- 0,179	48,2	44,6 - 52,2	29,5 - 58,7
43,0	- 0,176	48,2	44,6 - 52,3	29,5 - 59,1
43,1	- 0,174	48,3	44,6 - 52,3	29,5 - 59,1
43,2	- 0,171	48,3	44,6 - 52,3	29,5 - 59,1
43,3	- 0,169	48,3	44,6 - 52,3	29,5 - 59,1
43,4	- 0,166	48,3	44,7 - 52,4	29,8 - 59,5

Prozentränge mit den zugehörigen z- und T- Werten

Prozent-rang	z	T	Konfidenzintervall der	
			T- Werte	Prozentränge
43,5	- 0,164	48,4	44,7 - 52,4	29,8 - 59,5
43,6	- 0,161	48,4	44,7 - 52,4	29,8 - 59,5
43,7	- 0,159	48,4	44,7 - 52,4	29,8 - 59,5
43,8	- 0,156	48,4	44,8 - 52,4	30,2 - 59,5
43,9	- 0,154	48,5	44,8 - 52,5	44,8 - 59,9
44,0	- 0,151	48,5	44,8 - 52,5	44,8 - 59,9
44,1	- 0,148	48,5	44,8 - 52,5	44,8 - 59,9
44,2	- 0,146	48,5	44,8 - 52,5	44,8 - 59,9
44,3	- 0,143	48,6	44,9 - 52,6	30,5 - 60,3
44,4	- 0,141	48,6	44,9 - 52,6	30,5 - 60,3
44,5	- 0,138	48,6	44,9 - 52,6	30,5 - 60,3
44,6	- 0,136	48,6	44,9 - 52,6	30,5 - 60,3
44,7	- 0,133	48,7	45,0 - 52,7	30,9 - 60,6
44,8	- 0,131	48,7	45,0 - 52,7	30,9 - 60,6
44,9	- 0,128	48,7	45,0 - 52,7	30,9 - 60,6
45,0	- 0,126	48,7	45,0 - 52,7	30,9 - 60,6
45,1	- 0,123	48,8	45,1 - 52,7	31,2 - 60,6
45,2	- 0,121	48,8	45,1 - 52,8	31,2 - 61,0
45,3	- 0,118	48,8	45,1 - 52,8	31,2 - 61,0
45,4	- 0,116	48,8	45,1 - 52,8	31,2 - 61,0
45,5	- 0,113	48,9	45,1 - 52,8	31,2 - 61,0
45,6	- 0,111	48,9	45,2 - 52,9	31,6 - 61,4
45,7	- 0,108	48,9	45,2 - 52,9	31,6 - 61,4
45,8	- 0,105	48,9	45,2 - 52,9	31,6 - 61,4
45,9	- 0,103	49,0	45,2 - 52,9	31,6 - 61,4
46,0	- 0,100	49,0	45,3 - 52,9	31,9 - 61,4
46,1	- 0,098	49,0	45,3 - 53,0	31,9 - 61,8
46,2	- 0,095	49,0	45,3 - 53,0	31,9 - 61,8
46,3	- 0,093	49,1	45,3 - 53,0	31,9 - 61,8
46,4	- 0,090	49,1	45,3 - 53,0	31,9 - 61,8
46,5	- 0,088	49,1	45,4 - 53,1	32,3 - 62,2
46,6	- 0,085	49,1	45,4 - 53,1	32,3 - 62,2
46,7	- 0,083	49,2	45,4 - 53,1	32,3 - 62,2
46,8	- 0,080	49,2	45,4 - 53,1	32,3 - 62,2
46,9	- 0,078	49,2	45,5 - 53,1	32,6 - 62,2
47,0	- 0,075	49,2	45,5 - 53,2	32,6 - 62,6
47,1	- 0,073	49,3	45,5 - 53,2	32,6 - 62,6
47,2	- 0,070	49,3	45,5 - 53,2	32,6 - 62,6
47,3	- 0,068	49,3	45,6 - 53,2	33,0 - 62,6
47,4	- 0,065	49,3	45,6 - 53,3	33,0 - 62,9

Prozentränge mit den zugehörigen z- und T- Werten

Prozent-rang	z	T	Konfidenzintervall der	
			T- Werte	Prozentränge
47,5	- 0,063	49,4	45,6 - 53,3	33,0 - 62,9
47,6	- 0,060	49,4	45,6 - 53,3	33,0 - 62,9
47,7	- 0,058	49,4	45,6 - 53,3	33,0 - 62,9
47,8	- 0,055	49,4	45,7 - 53,4	33,4 - 63,3
47,9	- 0,053	49,5	45,7 - 53,4	33,4 - 63,3
48,0	- 0,050	49,5	45,7 - 53,4	33,4 - 63,3
48,1	- 0,048	49,5	45,7 - 53,4	33,4 - 63,3
48,2	- 0,045	49,5	45,8 - 53,4	33,7 - 63,3
48,3	- 0,043	49,6	45,8 - 53,5	33,7 - 63,7
48,4	- 0,040	49,6	45,8 - 53,5	33,7 - 63,7
48,5	- 0,038	49,6	45,8 - 53,5	33,7 - 63,7
48,6	- 0,035	49,6	45,8 - 53,5	33,7 - 63,7
48,7	- 0,033	49,7	45,9 - 53,6	34,1 - 64,1
48,8	- 0,030	49,7	45,9 - 53,6	34,1 - 64,1
48,9	- 0,028	49,7	45,9 - 53,6	34,1 - 64,1
49,0	- 0,025	49,7	45,9 - 53,6	34,1 - 64,1
49,1	- 0,023	49,8	46,0 - 53,6	34,5 - 64,1
49,2	- 0,020	49,8	46,0 - 53,7	34,5 - 64,4
49,3	- 0,018	49,8	46,0 - 53,7	34,5 - 64,4
49,4	- 0,015	49,8	46,0 - 53,7	34,5 - 64,4
49,5	- 0,013	49,9	46,0 - 53,7	34,5 - 64,4
49,6	- 0,010	49,9	46,1 - 53,8	34,8 - 64,8
49,7	- 0,008	49,9	46,1 - 53,8	34,8 - 64,8
49,8	- 0,005	49,9	46,1 - 53,8	34,8 - 64,8
49,9	- 0,003	50,0	46,1 - 53,8	34,8 - 64,8
50,0	0	50	46,2 - 53,8	35,2 - 64,8
50,1	0,003	50,0	46,2 - 53,9	35,2 - 65,2
50,2	0,005	50,1	46,2 - 53,9	35,2 - 65,2
50,3	0,008	50,1	46,2 - 53,9	35,2 - 65,2
50,4	0,010	50,1	46,3 - 53,9	35,6 - 65,2
50,5	0,013	50,1	46,3 - 54,0	35,6 - 65,5
50,6	0,015	50,2	46,3 - 54,0	35,6 - 65,5
50,7	0,018	50,2	46,3 - 54,0	35,6 - 65,5
50,8	0,020	50,2	46,3 - 54,0	35,6 - 65,5
50,9	0,023	50,2	46,4 - 54,1	35,9 - 65,9
51,0	0,025	50,3	46,4 - 54,1	35,9 - 65,9
51,1	0,028	50,3	46,4 - 54,1	35,9 - 65,9
51,2	0,030	50,3	46,4 - 54,1	35,9 - 65,9
51,3	0,033	50,3	46,5 - 54,1	36,3 - 65,9
51,4	0,035	50,4	46,5 - 54,2	36,3 - 66,3

Prozentränge mit den zugehörigen z- und T- Werten

Prozent-rang	z	T	Konfidenzintervall der	
			T- Werte	Prozentränge
51,5	0,038	50,4	46,5 - 54,2	36,3 - 66,3
51,6	0,040	50,4	46,5 - 54,2	36,3 - 66,3
51,7	0,043	50,4	46,5 - 54,2	36,3 - 66,3
51,8	0,045	50,5	46,6 - 54,3	36,7 - 66,6
51,9	0,048	50,5	46,6 - 54,3	36,7 - 66,6
52,0	0,050	50,5	46,6 - 54,3	36,7 - 66,6
52,1	0,053	50,5	46,6 - 54,3	36,7 - 66,6
52,2	0,055	50,6	46,7 - 54,3	37,1 - 66,6
52,3	0,058	50,6	46,7 - 54,4	37,1 - 67,0
52,4	0,060	50,6	46,7 - 54,4	37,1 - 67,0
52,5	0,063	50,6	46,7 - 54,4	37,1 - 67,0
52,6	0,065	50,7	46,7 - 54,4	37,1 - 67,0
52,7	0,068	50,7	46,8 - 54,5	37,5 - 67,4
52,8	0,070	50,7	46,8 - 54,5	37,5 - 67,4
52,9	0,073	50,7	46,8 - 54,5	37,5 - 67,4
53,0	0,075	50,8	46,8 - 54,5	37,5 - 67,4
53,1	0,078	50,8	46,9 - 54,5	37,8 - 67,4
53,2	0,080	50,8	46,9 - 54,6	37,8 - 67,7
53,3	0,083	50,8	46,9 - 54,6	37,8 - 67,7
53,4	0,085	50,9	46,9 - 54,6	37,8 - 67,7
53,5	0,088	50,9	47,0 - 54,6	38,2 - 67,7
53,6	0,090	50,9	47,0 - 54,7	38,2 - 68,1
53,7	0,093	50,9	47,0 - 54,7	38,2 - 68,1
53,8	0,095	51,0	47,0 - 54,7	38,2 - 68,1
53,9	0,098	51,0	47,0 - 54,7	38,2 - 68,1
54,0	0,100	51,0	47,1 - 54,8	38,6 - 68,4
54,1	0,103	51,0	47,1 - 54,8	38,6 - 68,4
54,2	0,105	51,1	47,1 - 54,8	38,6 - 68,4
54,3	0,108	51,1	47,1 - 54,8	38,6 - 68,4
54,4	0,111	51,1	47,2 - 54,8	39,0 - 68,4
54,5	0,113	51,1	47,2 - 54,9	39,0 - 68,8
54,6	0,116	51,2	47,2 - 54,9	39,0 - 68,8
54,7	0,118	51,2	47,2 - 54,9	39,0 - 68,8
54,8	0,121	51,2	47,2 - 54,9	39,0 - 68,8
54,9	0,123	51,2	47,3 - 55,0	39,4 - 69,2
55,0	0,126	51,3	47,3 - 55,0	39,4 - 69,2
55,1	0,128	51,3	47,3 - 55,0	39,4 - 69,2
55,2	0,131	51,3	47,3 - 55,0	39,4 - 69,2
55,3	0,133	51,3	47,4 - 55,0	39,7 - 69,2
55,4	0,136	51,4	47,4 - 55,1	39,7 - 69,5

Prozentränge mit den zugehörigen z- und T- Werten

Prozent-rang	z	T	Konfidenzintervall der	
			T- Werte	Prozentränge
55,5	0,138	51,4	47,4 - 55,1	39,7 - 69,5
55,6	0,141	51,4	47,4 - 55,1	39,7 - 69,5
55,7	0,143	51,4	47,5 - 55,2	40,1 - 69,9
55,8	0,146	51,5	47,5 - 55,2	40,1 - 69,9
55,9	0,148	51,5	47,5 - 55,2	40,1 - 69,9
56,0	0,151	51,5	47,5 - 55,2	40,1 - 69,9
56,1	0,154	51,5	47,5 - 55,2	40,1 - 69,9
56,2	0,156	51,6	47,6 - 55,3	40,5 - 70,2
56,3	0,159	51,6	47,6 - 55,3	40,5 - 70,2
56,4	0,161	51,6	47,6 - 55,3	40,5 - 70,2
56,5	0,164	51,6	47,6 - 55,3	40,5 - 70,2
56,6	0,166	51,7	47,7 - 55,3	40,9 - 70,2
56,7	0,169	51,7	47,7 - 55,4	40,9 - 70,5
56,8	0,171	51,7	47,7 - 55,4	40,9 - 70,5
56,9	0,174	51,7	47,7 - 55,4	40,9 - 70,5
57,0	0,176	51,8	47,7 - 55,4	40,9 - 70,5
57,1	0,179	51,8	47,8 - 55,5	41,3 - 70,9
57,2	0,181	51,8	47,8 - 55,5	41,3 - 70,9
57,3	0,184	51,8	47,8 - 55,5	41,3 - 70,9
57,4	0,187	51,9	47,8 - 55,5	41,3 - 70,9
57,5	0,189	51,9	47,9 - 55,6	41,7 - 71,2
57,6	0,192	51,9	47,9 - 55,6	41,7 - 71,2
57,7	0,194	51,9	47,9 - 55,6	41,7 - 71,2
57,8	0,197	52,0	47,9 - 55,6	41,7 - 71,2
57,9	0,199	52,0	48,0 - 55,6	42,1 - 71,2
58,0	0,202	52,0	48,0 - 55,7	42,1 - 71,6
58,1	0,204	52,0	48,0 - 55,7	42,1 - 71,6
58,2	0,207	52,1	48,0 - 55,7	42,1 - 71,6
58,3	0,210	52,1	48,0 - 55,7	42,1 - 71,6
58,4	0,212	52,1	48,1 - 55,8	42,5 - 71,9
58,5	0,215	52,1	48,1 - 55,8	42,5 - 71,9
58,6	0,217	52,2	48,1 - 55,8	42,5 - 71,9
58,7	0,220	52,2	48,1 - 55,8	42,5 - 71,9
58,8	0,222	52,2	48,2 - 55,9	42,9 - 72,2
58,9	0,225	52,2	48,2 - 55,9	42,9 - 72,2
59,0	0,228	52,3	48,2 - 55,9	42,9 - 72,2
59,1	0,230	52,3	48,2 - 55,9	42,9 - 72,2
59,2	0,233	52,3	48,3 - 55,9	43,3 - 72,2
59,3	0,235	52,4	48,3 - 56,0	43,3 - 72,6
59,4	0,238	52,4	48,3 - 56,0	43,3 - 72,6

Prozentränge mit den zugehörigen z- und T- Werten

Prozent-rang	z	T	Konfidenzintervall der T- Werte	Konfidenzintervall der Prozentränge
59,5	0,240	52,4	48,3 - 56,0	43,3 - 72,6
59,6	0,243	52,4	48,3 - 56,0	43,3 - 72,6
59,7	0,246	52,5	48,4 - 56,1	43,6 - 72,9
59,8	0,248	52,5	48,4 - 56,1	43,6 - 72,9
59,9	0,251	52,5	48,4 - 56,1	43,6 - 72,9
60,0	0,253	52,5	48,4 - 56,1	43,6 - 72,9
60,1	0,256	52,6	48,5 - 56,2	44,0 - 73,2
60,2	0,259	52,6	48,5 - 56,2	44,0 - 73,2
60,3	0,261	52,6	48,5 - 56,2	44,0 - 73,2
60,4	0,264	52,6	48,5 - 56,2	44,0 - 73,2
60,5	0,266	52,7	48,6 - 56,2	44,4 - 73,2
60,6	0,269	52,7	48,6 - 56,3	44,4 - 73,6
60,7	0,272	52,7	48,6 - 56,3	44,4 - 73,6
60,8	0,274	52,7	48,6 - 56,3	44,4 - 73,6
60,9	0,277	52,8	48,7 - 56,3	44,8 - 73,6
61,0	0,279	52,8	48,7 - 56,4	44,8 - 73,9
61,1	0,282	52,8	48,7 - 56,4	44,8 - 73,9
61,2	0,285	52,8	48,7 - 56,4	44,8 - 73,9
61,3	0,287	52,9	48,7 - 56,4	44,8 - 73,9
61,4	0,290	52,9	48,8 - 56,5	45,2 - 74,2
61,5	0,292	52,9	48,8 - 56,5	45,2 - 74,2
61,6	0,295	52,9	48,8 - 56,5	45,2 - 74,2
61,7	0,298	53,0	48,8 - 56,5	45,2 - 74,2
61,8	0,300	53,0	48,9 - 56,6	45,6 - 74,5
61,9	0,303	53,0	48,9 - 56,6	45,6 - 74,5
62,0	0,305	53,1	48,9 - 56,6	45,6 - 74,5
62,1	0,308	53,1	48,9 - 56,6	45,6 - 74,5
62,2	0,311	53,1	49,0 - 56,6	46,0 - 74,5
62,3	0,313	53,1	49,0 - 56,7	46,0 - 74,9
62,4	0,316	53,2	49,0 - 56,7	46,0 - 74,9
62,5	0,319	53,2	49,0 - 56,7	46,0 - 74,9
62,6	0,321	53,2	49,1 - 56,7	46,4 - 74,9
62,7	0,324	53,2	49,1 - 56,8	46,4 - 75,2
62,8	0,327	53,3	49,1 - 56,8	46,4 - 75,2
62,9	0,329	53,3	49,1 - 56,8	46,4 - 75,2
63,0	0,332	53,3	49,1 - 56,8	46,4 - 75,2
63,1	0,335	53,3	49,2 - 56,9	46,8 - 75,5
63,2	0,337	53,4	49,2 - 56,9	46,8 - 75,5
63,3	0,340	53,4	49,2 - 56,9	46,8 - 75,5
63,4	0,342	53,4	49,2 - 56,9	46,8 - 75,5

Prozentränge mit den zugehörigen z- und T- Werten

Prozent-rang	z	T	Konfidenzintervall der	
			T- Werte	Prozentränge
63,5	0,345	53,5	49,3 - 57,0	47,2 - 75,8
63,6	0,348	53,5	49,3 - 57,0	47,2 - 75,8
63,7	0,350	53,5	49,3 - 57,0	47,2 - 75,8
63,8	0,353	53,5	49,3 - 57,0	47,2 - 75,8
63,9	0,356	53,6	49,4 - 57,1	47,6 - 76,1
64,0	0,358	53,6	49,4 - 57,1	47,6 - 76,1
64,1	0,361	53,6	49,4 - 57,1	47,6 - 76,1
64,2	0,364	53,6	49,4 - 57,1	47,6 - 76,1
64,3	0,366	53,7	49,5 - 57,1	48,0 - 76,1
64,4	0,369	53,7	49,5 - 57,2	48,0 - 76,4
64,5	0,372	53,7	49,5 - 57,2	48,0 - 76,4
64,6	0,375	53,7	49,5 - 57,2	48,0 - 76,4
64,7	0,377	53,8	49,6 - 57,2	48,4 - 76,4
64,8	0,380	53,8	49,6 - 57,3	48,4 - 76,7
64,9	0,383	53,8	49,6 - 57,3	48,4 - 76,7
65,0	0,385	53,9	49,6 - 57,3	48,4 - 76,7
65,1	0,388	53,9	49,7 - 57,3	48,8 - 76,7
65,2	0,391	53,9	49,7 - 57,4	48,8 - 77,0
65,3	0,393	53,9	49,7 - 57,4	48,8 - 77,0
65,4	0,396	54,0	49,7 - 57,4	48,8 - 77,0
65,5	0,399	54,0	49,8 - 57,4	49,2 - 77,0
65,6	0,402	54,0	49,8 - 57,5	49,2 - 77,3
65,7	0,404	54,0	49,8 - 57,5	49,2 - 77,3
65,8	0,407	54,1	49,8 - 57,5	49,2 - 77,3
65,9	0,410	54,1	49,8 - 57,5	49,2 - 77,3
66,0	0,412	54,1	49,9 - 57,6	49,6 - 77,6
66,1	0,415	54,2	49,9 - 57,6	49,6 - 77,6
66,2	0,418	54,2	49,9 - 57,6	49,6 - 77,6
66,3	0,421	54,2	49,9 - 57,6	49,6 - 77,6
66,4	0,423	54,2	50,0 - 57,7	50,0 - 77,9
66,5	0,426	54,3	50,0 - 57,7	50,0 - 77,9
66,6	0,429	54,3	50,0 - 57,7	50,0 - 77,9
66,7	0,432	54,3	50,0 - 57,7	50,0 - 77,9
66,8	0,434	54,3	50,1 - 57,8	50,4 - 78,2
66,9	0,437	54,4	50,1 - 57,8	50,4 - 78,2
67,0	0,440	54,4	50,1 - 57,8	50,4 - 78,2
67,1	0,443	54,4	50,1 - 57,8	50,4 - 78,2
67,2	0,445	54,5	50,2 - 57,9	50,8 - 78,5
67,3	0,448	54,5	50,2 - 57,9	50,8 - 78,5
67,4	0,451	54,5	50,2 - 57,9	50,8 - 78,5

Prozentränge mit den zugehörigen z- und T- Werten

Prozent-rang	z	T	Konfidenzintervall der	
			T- Werte	Prozentränge
67,5	0,454	54,5	50,2 - 57,9	50,8 - 78,5
67,6	0,457	54,6	50,3 - 58,0	51,2 - 78,8
67,7	0,459	54,6	50,3 - 58,0	51,2 - 78,8
67,8	0,462	54,6	50,3 - 58,0	51,2 - 78,8
67,9	0,465	54,6	50,3 - 58,0	51,2 - 78,8
68,0	0,468	54,7	50,4 - 58,1	51,6 - 79,1
68,1	0,470	54,7	50,4 - 58,1	51,6 - 79,1
68,2	0,473	54,7	50,4 - 58,1	51,6 - 79,1
68,3	0,476	54,8	50,4 - 58,1	51,6 - 79,1
68,4	0,479	54,8	50,5 - 58,2	52,0 - 79,4
68,5	0,482	54,8	50,5 - 58,2	52,0 - 79,4
68,6	0,485	54,8	50,5 - 58,2	52,0 - 79,4
68,7	0,487	54,9	50,5 - 58,2	52,0 - 79,4
68,8	0,490	54,9	50,6 - 58,3	52,4 - 79,7
68,9	0,493	54,9	50,6 - 58,3	52,4 - 79,7
69,0	0,496	55,0	50,6 - 58,3	52,4 - 79,7
69,1	0,499	55,0	50,6 - 58,3	52,4 - 79,7
69,2	0,502	55,0	50,7 - 58,4	52,8 - 80,0
69,3	0,504	55,0	50,7 - 58,4	52,8 - 80,0
69,4	0,507	55,1	50,7 - 58,4	52,8 - 80,0
69,5	0,510	55,1	50,8 - 58,4	53,2 - 80,0
69,6	0,513	55,1	50,8 - 58,5	53,2 - 80,2
69,7	0,516	55,2	50,8 - 58,5	53,2 - 80,2
69,8	0,519	55,2	50,8 - 58,5	53,2 - 80,2
69,9	0,522	55,2	50,9 - 58,5	53,6 - 80,2
70,0	0,524	55,2	50,9 - 58,6	53,6 - 80,5
70,1	0,527	55,3	50,9 - 58,6	53,6 - 80,5
70,2	0,530	55,3	50,9 - 58,6	53,6 - 80,5
70,3	0,533	55,3	51,0 - 58,6	54,0 - 80,5
70,4	0,536	55,4	51,0 - 58,7	54,0 - 80,8
70,5	0,539	55,4	51,0 - 58,7	54,0 - 80,8
70,6	0,542	55,4	51,0 - 58,7	54,0 - 80,8
70,7	0,545	55,4	51,1 - 58,8	54,4 - 81,1
70,8	0,548	55,5	51,1 - 58,8	54,4 - 81,1
70,9	0,550	55,5	51,1 - 58,8	54,4 - 81,1
71,0	0,553	55,5	51,1 - 58,8	54,4 - 81,1
71,1	0,556	55,6	51,2 - 58,9	54,8 - 81,3
71,2	0,559	55,6	51,2 - 58,9	54,8 - 81,3
71,3	0,562	55,6	51,2 - 58,9	54,8 - 81,3
71,4	0,565	55,7	51,2 - 58,9	54,8 - 81,3

Prozentränge mit den zugehörigen z- und T- Werten

Prozent-rang	z	T	Konfidenzintervall der	
			T- Werte	Prozentränge
71,5	0,568	55,7	51,3 - 59,0	55,2 - 81,6
71,6	0,571	55,7	51,3 - 59,0	55,2 - 81,6
71,7	0,574	55,7	51,3 - 59,0	55,2 - 81,6
71,8	0,577	55,8	51,4 - 59,0	55,6 - 81,6
71,9	0,580	55,8	51,4 - 59,1	55,6 - 81,9
72,0	0,583	55,8	51,4 - 59,1	55,6 - 81,9
72,1	0,586	55,9	51,4 - 59,1	55,6 - 81,9
72,2	0,589	55,9	51,5 - 59,1	56,0 - 81,9
72,3	0,592	55,9	51,5 - 59,2	56,0 - 82,1
72,4	0,595	55,9	51,5 - 59,2	56,0 - 82,1
72,5	0,598	56,0	51,5 - 59,2	56,0 - 82,1
72,6	0,601	56,0	51,6 - 59,3	56,4 - 82,4
72,7	0,604	56,0	51,6 - 59,3	56,4 - 82,4
72,8	0,607	56,1	51,6 - 59,3	56,4 - 82,4
72,9	0,610	56,1	51,6 - 59,3	56,4 - 82,4
73,0	0,613	56,1	51,7 - 59,4	56,8 - 82,6
73,1	0,616	56,2	51,7 - 59,4	56,8 - 82,6
73,2	0,619	56,2	51,7 - 59,4	56,8 - 82,6
73,3	0,622	56,2	51,8 - 59,4	57,1 - 82,6
73,4	0,625	56,2	51,8 - 59,5	57,1 - 82,9
73,5	0,628	56,3	51,8 - 59,5	57,1 - 82,9
73,6	0,631	56,3	51,8 - 59,5	57,1 - 82,9
73,7	0,634	56,3	51,9 - 59,6	57,5 - 83,2
73,8	0,637	56,4	51,9 - 59,6	57,5 - 83,2
73,9	0,640	56,4	51,9 - 59,6	57,5 - 83,2
74,0	0,643	56,4	52,0 - 59,6	57,9 - 83,2
74,1	0,646	56,5	52,0 - 59,7	57,9 - 83,4
74,2	0,650	56,5	52,0 - 59,7	57,9 - 83,4
74,3	0,653	56,5	52,0 - 59,7	57,9 - 83,4
74,4	0,656	56,6	52,1 - 59,8	58,3 - 83,7
74,5	0,659	56,6	52,1 - 59,8	58,3 - 83,7
74,6	0,662	56,6	52,1 - 59,8	58,3 - 83,7
74,7	0,665	56,7	52,1 - 59,8	58,3 - 83,7
74,8	0,668	56,7	52,2 - 59,9	58,7 - 83,9
74,9	0,671	56,7	52,2 - 59,9	58,7 - 83,9
75,0	0,674	56,7	52,2 - 59,9	58,7 - 83,9
75,1	0,678	56,8	52,3 - 59,9	59,1 - 83,9
75,2	0,681	56,8	52,3 - 60,0	59,1 - 84,1
75,3	0,684	56,8	52,3 - 60,0	59,1 - 84,1
75,4	0,687	56,9	52,3 - 60,0	59,1 - 84,1

Prozentränge mit den zugehörigen z- und T- Werten

Prozent-rang	z	T	Konfidenzintervall der	
			T- Werte	Prozentränge
75,5	0,690	56,9	52,4 - 60,1	59,5 - 84,4
75,6	0,693	56,9	52,4 - 60,1	59,5 - 84,4
75,7	0,697	57,0	52,4 - 60,1	59,5 - 84,4
75,8	0,700	57,0	52,5 - 60,1	59,9 - 84,4
75,9	0,703	57,0	52,5 - 60,2	59,9 - 84,6
76,0	0,706	57,1	52,5 - 60,2	59,9 - 84,6
76,1	0,710	57,1	52,5 - 60,2	59,9 - 84,6
76,2	0,713	57,1	52,6 - 60,3	60,3 - 84,9
76,3	0,716	57,2	52,6 - 60,3	60,3 - 84,9
76,4	0,719	57,2	52,6 - 60,3	60,3 - 84,9
76,5	0,722	57,2	52,7 - 60,4	60,6 - 85,1
76,6	0,726	57,3	52,7 - 60,4	60,6 - 85,1
76,7	0,729	57,3	52,7 - 60,4	60,6 - 85,1
76,8	0,732	57,3	52,8 - 60,4	61,0 - 85,1
76,9	0,736	57,4	52,8 - 60,5	61,0 - 85,3
77,0	0,739	57,4	52,8 - 60,5	61,0 - 85,3
77,1	0,742	57,4	52,8 - 60,5	61,0 - 85,3
77,2	0,745	57,5	52,9 - 60,6	61,4 - 85,5
77,3	0,749	57,5	52,9 - 60,6	61,4 - 85,5
77,4	0,752	57,5	52,9 - 60,6	61,4 - 85,5
77,5	0,755	57,6	53,0 - 60,6	61,8 - 85,5
77,6	0,759	57,6	53,0 - 60,7	61,8 - 85,8
77,7	0,762	57,6	53,0 - 60,7	61,8 - 85,8
77,8	0,765	57,7	53,0 - 60,7	61,8 - 85,8
77,9	0,769	57,7	53,1 - 60,8	62,2 - 86,0
78,0	0,772	57,7	53,1 - 60,8	62,2 - 86,0
78,1	0,776	57,8	53,1 - 60,8	62,2 - 86,0
78,2	0,779	57,8	53,2 - 60,9	62,6 - 86,2
78,3	0,782	57,8	53,2 - 60,9	62,6 - 86,2
78,4	0,786	57,9	53,2 - 60,9	62,6 - 86,2
78,5	0,789	57,9	53,3 - 61,0	62,9 - 86,4
78,6	0,793	57,9	53,3 - 61,0	62,9 - 86,4
78,7	0,796	58,0	53,3 - 61,0	62,9 - 86,4
78,8	0,800	58,0	53,4 - 61,0	63,3 - 86,4
78,9	0,803	58,0	53,4 - 61,1	63,3 - 86,7
79,0	0,806	58,1	53,4 - 61,1	63,3 - 86,7
79,1	0,810	58,1	53,4 - 61,1	63,3 - 86,7
79,2	0,813	58,1	53,5 - 61,2	63,7 - 86,9
79,3	0,817	58,2	53,5 - 61,2	63,7 - 86,9
79,4	0,820	58,2	53,5 - 61,2	63,7 - 86,9

Prozentränge mit den zugehörigen z- und T- Werten

Prozent-rang	z	T	Konfidenzintervall der	
			T- Werte	Prozentränge
79,5	0,824	58,2	53,6 - 61,3	64,1 - 87,1
79,6	0,827	58,3	53,6 - 61,3	64,1 - 87,1
79,7	0,831	58,3	53,6 - 61,3	64,1 - 87,1
79,8	0,834	58,3	53,7 - 61,4	64,4 - 87,3
79,9	0,838	58,4	53,7 - 61,4	64,4 - 87,3
80,0	0,842	58,4	53,7 - 61,4	64,4 - 87,3
80,1	0,845	58,5	53,8 - 61,5	64,8 - 87,5
80,2	0,849	58,5	53,8 - 61,5	64,8 - 87,5
80,3	0,852	58,5	53,8 - 61,5	64,8 - 87,5
80,4	0,856	58,6	53,9 - 61,6	65,2 - 87,7
80,5	0,860	58,6	53,9 - 61,6	65,2 - 87,7
80,6	0,863	58,6	53,9 - 61,6	65,2 - 87,7
80,7	0,867	58,7	54,0 - 61,7	65,5 - 87,9
80,8	0,871	58,7	54,0 - 61,7	65,5 - 87,9
80,9	0,874	58,7	54,0 - 61,7	65,5 - 87,9
81,0	0,878	58,8	54,1 - 61,8	65,9 - 88,1
81,1	0,882	58,8	54,1 - 61,8	65,9 - 88,1
81,2	0,885	58,9	54,1 - 61,8	65,9 - 88,1
81,3	0,889	58,9	54,2 - 61,9	66,3 - 88,3
81,4	0,893	58,9	54,2 - 61,9	66,3 - 88,3
81,5	0,896	59,0	54,2 - 61,9	66,3 - 88,3
81,6	0,900	59,0	54,3 - 62,0	66,6 - 88,5
81,7	0,904	59,0	54,3 - 62,0	66,6 - 88,5
81,8	0,908	59,1	54,3 - 62,0	66,6 - 88,5
81,9	0,912	59,1	54,4 - 62,1	67,0 - 88,7
82,0	0,915	59,2	54,4 - 62,1	67,0 - 88,7
82,1	0,919	59,2	54,4 - 62,1	67,0 - 88,7
82,2	0,923	59,2	54,5 - 62,2	67,4 - 88,9
82,3	0,927	59,3	54,5 - 62,2	67,4 - 88,9
82,4	0,931	59,3	54,5 - 62,2	67,4 - 88,9
82,5	0,935	59,3	54,6 - 62,3	67,7 - 89,1
82,6	0,938	59,4	54,6 - 62,3	67,7 - 89,1
82,7	0,942	59,4	54,6 - 62,3	67,7 - 89,1
82,8	0,946	59,5	54,7 - 62,4	68,1 - 89,3
82,9	0,950	59,5	54,7 - 62,4	68,1 - 89,3
83,0	0,954	59,5	54,7 - 62,4	68,1 - 89,3
83,1	0,958	59,6	54,8 - 62,5	68,4 - 89,4
83,2	0,962	59,6	54,8 - 62,5	68,4 - 89,4
83,3	0,966	59,7	54,9 - 62,5	68,8 - 89,4
83,4	0,970	59,7	54,9 - 62,6	68,8 - 89,6

Prozentränge mit den zugehörigen z- und T- Werten

Prozent-rang	z	T	Konfidenzintervall der	
			T- Werte	Prozentränge
83,5	0,974	59,7	54,9 - 62,6	68,8 - 89,6
83,6	0,978	59,8	55,0 - 62,7	69,2 - 89,8
83,7	0,982	59,8	55,0 - 62,7	69,2 - 89,8
83,8	0,986	59,9	55,0 - 62,7	69,2 - 89,8
83,9	0,990	59,9	55,1 - 62,8	69,5 - 90,0
84,0	0,994	59,9	55,1 - 62,8	69,5 - 90,0
84,1	0,999	60,0	55,1 - 62,8	69,5 - 90,0
84,2	1,003	60,0	55,2 - 62,9	69,9 - 90,2
84,3	1,007	60,1	55,2 - 62,9	69,9 - 90,2
84,4	1,011	60,1	55,3 - 62,9	70,2 - 90,2
84,5	1,015	60,2	55,3 - 63,0	70,2 - 90,3
84,6	1,019	60,2	55,3 - 63,0	70,2 - 90,3
84,7	1,024	60,2	55,4 - 63,1	70,5 - 90,5
84,8	1,028	60,3	55,4 - 63,1	70,5 - 90,5
84,9	1,032	60,3	55,4 - 63,1	70,5 - 90,5
85,0	1,036	60,4	55,5 - 63,2	70,9 - 90,7
85,1	1,041	60,4	55,5 - 63,2	70,9 - 90,7
85,2	1,045	60,5	55,6 - 63,3	71,2 - 90,8
85,3	1,049	60,5	55,6 - 63,3	71,2 - 90,8
85,4	1,054	60,5	55,6 - 63,3	71,2 - 90,8
85,5	1,058	60,6	55,7 - 63,4	71,6 - 91,0
85,6	1,063	60,6	55,7 - 63,4	71,6 - 91,0
85,7	1,067	60,7	55,8 - 63,5	71,9 - 91,2
85,8	1,071	60,7	55,8 - 63,5	71,9 - 91,2
85,9	1,076	60,8	55,8 - 63,5	71,9 - 91,2
86,0	1,080	60,8	55,9 - 63,6	72,2 - 91,3
86,1	1,085	60,8	55,9 - 63,6	72,2 - 91,3
86,2	1,089	60,9	56,0 - 63,7	72,6 - 91,5
86,3	1,094	60,9	56,0 - 63,7	72,6 - 91,5
86,4	1,098	61,0	56,0 - 63,7	72,6 - 91,5
86,5	1,103	61,0	56,1 - 63,8	72,9 - 91,6
86,6	1,108	61,1	56,1 - 63,8	72,9 - 91,6
86,7	1,112	61,1	56,2 - 63,9	73,2 - 91,8
86,8	1,117	61,2	56,2 - 63,9	73,2 - 91,8
86,9	1,122	61,2	56,3 - 63,9	73,6 - 91,8
87,0	1,126	61,3	56,3 - 64,0	73,6 - 91,9
87,1	1,131	61,3	56,3 - 64,0	73,6 - 91,9
87,2	1,136	61,4	56,4 - 64,1	73,9 - 92,1
87,3	1,141	61,4	56,4 - 64,1	73,9 - 92,1
87,4	1,146	61,5	56,5 - 64,2	74,2 - 92,2

Prozentränge mit den zugehörigen z- und T- Werten

Prozent-rang	z	T	Konfidenzintervall der	
			T- Werte	Prozentränge
87,5	1,150	61,5	56,5 - 64,2	74,2 - 92,2
87,6	1,155	61,6	56,6 - 64,2	74,5 - 92,2
87,7	1,160	61,6	56,6 - 64,3	74,5 - 92,4
87,8	1,165	61,7	56,6 - 64,3	74,5 - 92,4
87,9	1,170	61,7	56,7 - 64,4	74,9 - 92,5
88,0	1,175	61,7	56,7 - 64,4	74,9 - 92,5
88,1	1,180	61,8	56,8 - 64,5	75,2 - 92,7
88,2	1,185	61,9	56,8 - 64,5	75,2 - 92,7
88,3	1,190	61,9	56,9 - 64,6	75,5 - 92,8
88,4	1,195	62,0	56,9 - 64,6	75,5 - 92,8
88,5	1,200	62,0	57,0 - 64,7	75,8 - 92,9
88,6	1,206	62,1	57,0 - 64,7	75,8 - 92,9
88,7	1,211	62,1	57,1 - 64,8	76,1 - 93,1
88,8	1,216	62,2	57,1 - 64,8	76,1 - 93,1
88,9	1,221	62,2	57,2 - 64,8	76,4 - 93,1
89,0	1,227	62,3	57,2 - 64,9	76,4 - 93,2
89,1	1,232	62,3	57,2 - 64,9	76,4 - 93,2
89,2	1,237	62,4	57,3 - 65,0	76,7 - 93,3
89,3	1,243	62,4	57,3 - 65,0	76,7 - 93,3
89,4	1,248	62,5	57,4 - 65,1	77,0 - 93,5
89,5	1,254	62,5	57,4 - 65,1	77,0 - 93,5
89,6	1,259	62,6	57,5 - 65,2	77,3 - 93,6
89,7	1,265	62,6	57,5 - 65,2	77,3 - 93,6
89,8	1,270	62,7	57,6 - 65,3	77,6 - 93,7
89,9	1,276	62,8	57,6 - 65,3	77,6 - 93,7
90,0	1,282	62,8	57,7 - 65,4	77,9 - 93,8
90,1	1,287	62,9	57,7 - 65,4	77,9 - 93,8
90,2	1,293	62,9	57,8 - 65,5	78,2 - 93,9
90,3	1,299	63,0	57,8 - 65,5	78,2 - 93,9
90,4	1,305	63,0	57,9 - 65,6	78,5 - 94,1
90,5	1,311	63,1	58,0 - 65,6	78,8 - 94,1
90,6	1,317	63,2	58,0 - 65,7	78,8 - 94,2
90,7	1,323	63,2	58,1 - 65,8	79,1 - 94,3
90,8	1,329	63,3	58,1 - 65,8	79,1 - 94,3
90,9	1,335	63,3	58,2 - 65,9	79,4 - 94,4
91,0	1,341	63,4	58,2 - 65,9	79,4 - 94,4
91,1	1,347	63,5	58,3 - 66,0	79,7 - 94,5
91,2	1,353	63,5	58,3 - 66,0	79,7 - 94,5
91,3	1,359	63,6	58,4 - 66,1	80,0 - 94,6
91,4	1,366	63,7	58,5 - 66,1	80,2 - 94,6

Prozentränge mit den zugehörigen z- und T- Werten

Prozent-rang	z	T	Konfidenzintervall der	
			T- Werte	Prozentränge
91,5	1,372	63,7	58,5 - 66,2	80,2 - 94,7
91,6	1,379	63,8	58,6 - 66,3	80,5 - 94,8
91,7	1,385	63,9	58,6 - 66,3	80,5 - 94,8
91,8	1,392	63,9	58,7 - 66,4	80,8 - 95,0
91,9	1,398	64,0	58,7 - 66,4	80,8 - 95,0
92,0	1,405	64,1	58,8 - 66,5	81,1 - 95,1
92,1	1,412	64,1	58,9 - 66,6	81,3 - 95,2
92,2	1,419	64,2	58,9 - 66,6	81,3 - 95,2
92,3	1,426	64,3	59,0 - 66,7	81,6 - 95,3
92,4	1,433	64,3	59,0 - 66,7	81,6 - 95,3
92,5	1,440	64,4	59,1 - 66,8	81,9 - 95,4
92,6	1,447	64,5	59,2 - 66,9	82,1 - 95,5
92,7	1,454	64,5	59,2 - 66,9	82,1 - 95,5
92,8	1,461	64,6	59,3 - 67,0	82,4 - 95,5
92,9	1,468	64,7	59,4 - 67,1	82,6 - 95,6
93,0	1,476	64,8	59,4 - 67,1	82,6 - 95,6
93,1	1,483	64,8	59,5 - 67,2	82,9 - 95,7
93,2	1,491	64,9	59,6 - 67,3	83,2 - 95,8
93,3	1,499	65,0	59,6 - 67,3	83,2 - 95,8
93,4	1,506	65,1	59,7 - 67,4	83,4 - 95,9
93,5	1,514	65,1	59,8 - 67,5	83,7 - 96,0
93,6	1,522	65,2	59,9 - 67,5	83,9 - 96,0
93,7	1,530	65,3	59,9 - 67,6	83,9 - 96,1
93,8	1,538	65,4	60,0 - 67,7	84,1 - 96,2
93,9	1,546	65,5	60,1 - 67,8	84,4 - 96,3
94,0	1,555	65,5	60,2 - 67,8	84,6 - 96,3
94,1	1,563	65,6	60,2 - 67,9	84,6 - 96,3
94,2	1,572	65,7	60,3 - 68,0	84,9 - 96,4
94,3	1,580	65,8	60,4 - 68,1	85,1 - 96,5
94,4	1,589	65,9	60,5 - 68,2	85,3 - 96,6
94,5	1,598	66,0	60,5 - 68,2	85,3 - 96,6
94,6	1,607	66,1	60,6 - 68,3	85,5 - 96,6
94,7	1,616	66,2	60,7 - 68,4	85,8 - 96,7
94,8	1,626	66,3	60,8 - 68,5	86,0 - 96,8
94,9	1,635	66,4	60,9 - 68,6	86,2 - 96,9
95,0	1,645	66,4	61,0 - 68,7	86,4 - 96,9
95,1	1,655	66,5	61,1 - 68,7	86,7 - 96,9
95,2	1,665	66,6	61,1 - 68,8	86,7 - 97,0
95,3	1,675	66,7	61,2 - 68,9	86,9 - 97,0
95,4	1,685	66,8	61,3 - 69,0	87,1 - 97,1

Prozentränge mit den zugehörigen z- und T- Werten

Prozent-rang	z	T	Konfidenzintervall der	
			T- Werte	Prozentränge
95,5	1,695	67,0	61,4 - 69,1	87,3 - 97,2
95,6	1,706	67,1	61,5 - 69,2	87,5 - 97,3
95,7	1,717	67,2	61,6 - 69,3	87,7 - 97,3
95,8	1,728	67,3	61,7 - 69,4	87,9 - 97,4
95,9	1,739	67,4	61,8 - 69,5	88,1 - 97,4
96,0	1,751	67,5	61,9 - 69,6	88,3 - 97,5
96,1	1,762	67,6	62,0 - 69,7	88,5 - 97,6
96,2	1,774	67,7	62,1 - 69,8	88,7 - 97,6
96,3	1,787	67,9	62,2 - 69,9	88,9 - 97,7
96,4	1,799	68,0	62,4 - 70,0	89,3 - 97,7
96,5	1,812	68,1	62,5 - 70,2	89,4 - 97,8
96,6	1,825	68,3	62,6 - 70,3	89,6 - 97,9
96,7	1,838	68,4	62,7 - 70,4	89,8 - 97,9
96,8	1,852	68,5	62,8 - 70,5	90,0 - 98,0
96,9	1,866	68,7	63,0 - 70,6	90,3 - 98,0
97,0	1,881	68,8	63,1 - 70,8	90,5 - 98,1
97,1	1,896	69,0	63,2 - 70,9	90,7 - 98,2
97,2	1,911	69,1	63,4 - 71,0	91,0 - 98,2
97,3	1,927	69,3	63,5 - 71,2	91,2 - 98,3
97,4	1,943	69,4	63,6 - 71,3	91,3 - 98,3
97,5	1,960	69,6	63,8 - 71,5	91,6 - 98,4
97,6	1,977	69,8	64,0 - 71,6	91,9 - 98,5
97,7	1,995	70,0	64,1 - 71,8	92,1 - 98,5
97,8	2,014	70,1	64,3 - 72,0	92,4 - 98,6
97,9	2,034	70,3	64,5 - 72,2	92,7 - 98,7
98,0	2,054	70,5	64,6 - 72,3	92,8 - 98,7
98,1	2,075	70,7	64,8 - 72,5	93,1 - 98,8
98,2	2,097	71,0	65,0 - 72,7	93,3 - 98,8
98,3	2,120	71,2	65,2 - 72,9	93,6 - 98,9
98,4	2,144	71,4	65,5 - 73,1	93,9 - 99,0
98,5	2,170	71,7	65,7 - 73,4	94,2 - 99,0
98,6	2,197	72,0	65,9 - 73,6	94,4 - 99,1
98,7	2,226	72,3	66,2 - 73,9	94,7 - 99,2
98,8	2,257	72,6	66,5 - 74,2	95,1 - 99,2
98,9	2,290	72,9	66,8 - 74,5	95,4 - 99,3
99,0	2,326	73,3	67,1 - 74,8	95,6 - 99,3
99,1	2,366	73,7	67,5 - 75,1	96,0 - 99,4
99,2	2,409	74,1	67,8 - 75,5	96,3 - 99,5
99,3	2,457	74,6	68,3 - 76,0	96,6 - 99,5
99,4	2,512	75,1	68,8 - 76,5	97,0 - 99,6

Prozentränge mit den zugehörigen z- und T- Werten

Prozent-rang	z	T	Konfidenzintervall der	
			T- Werte	Prozentränge
99,5	2,576	75,8	69,3 - 77,0	97,3 - 99,7
99,6	2,652	76,5	70,0 - 77,7	97,7 - 99,7
99,7	2,748	77,5	70,9 - 78,6	98,2 - 99,8
99,8	2,878	78,8	72,1 - 79,8	98,6 - 99,9
99,9	3,090	80,9	74,0 - 81,7	99,2 - 99,9
99,99	3,719	87,2	79,6 - 87,3	99,9 - 99,99
99,999	4,265	92,6	84,5 - 92,2	99,97 - 100
100	4,753	97,5	88,9 - 96,6	99,99 - 100

7.3 Umrechnung von in der gymnasialen Oberstufe erworbenen Punktwerten in Schulnoten

7.3.1 Vorgehen für Schülerinnen und Schüler

1. Addiere die Punktwerte Deiner Leistungskurse und verdopple das Ergebnis (Summe 1).

2. Addiere die Punktwerte aller anderen Kurse (Summe 2).

3. Bilde Summe 1 + Summe 2.

4. Teile das Ergebnis durch z + 2 mit z = Zahl aller Kurse.

5. Subtrahiere das Ergebnis von 17, teile es danach durch 3.

7.3.2 Vorgehen für Lehrerinnen und Lehrer

Aus den Leistungen (mündliche Mitarbeit, schriftliche Arbeiten, Klausuren, Referate/Vorträge usw.) der vier Schulhalbjahre der Qualifikationsphase (Block I mit maximal 600 Punkten) und aus den in der Abiturprüfung gezeigten Leistungen (Block II mit maximal 300 Punkten) wird im Verhältnis 2 : 1 eine Gesamtpunktzahl P_{ges} gebildet. [27] Zur Berechnung der Abiturdurchschnittsnote $N_{\emptyset}$ dient folgende Formel:

$$N_{\emptyset} = \frac{17}{3} - \frac{P_{ges}}{180}$$

Umrechnung von P_{ges} in $N_{\emptyset}$			
P_{ges}	$N_{\emptyset}$	P_{ges}	$N_{\emptyset}$
900 - 823	1,0	552 - 535	2,6
822 - 805	1,1	534 - 517	2,7
804 - 787	1,2	516 - 499	2,8
786 - 769	1,3	498 - 481	2,9
768 - 751	1,4	480 - 463	3,0
750 - 733	1,5	462 - 445	3,1
732 - 715	1,6	444 - 427	3,2
714 - 697	1,7	426 - 409	3,3
696 - 679	1,8	408 - 391	3,4
678 - 661	1,9	390 - 373	3,5
660 - 643	2,0	372 - 355	3,6
642 - 625	2,1	354 - 337	3,7
624 - 607	2,2	336 - 319	3,8
606 - 589	2,3	318 - 301	3,9
588 - 571	2,4	300	4,0
570 - 553	2,5		

---

[27] http://www.abi-nachholen.de/abitur-punkte.html; aufgerufen am 8.11.2017.

7.4 Prüfen auf Leistungsunterschiede

Die Testergebnisse zweier Probanden gelten als nicht verschieden, wenn sich die Konfidenzintervalle der von ihnen erreichten z- bzw. T-Werte noch überlappen.

Beispielhaft wird dies mit Hilfe der auf S. 18 ermittelten z-Werte und der Tabelle auf S. 56ff. erläutert:

Proband.	z-Wert	Konfidenzintervall		
1	2,51	1,87	–	2,64
2	1,71	1,15	–	1,92
3	0,90	0,34	–	1,19
4	0,37	- 0,05	–	0,72
5	0,10	- 0,92	–	0,47
6	- 0,17	- 0,54	–	0,23
7	- 0,44	- 0,78	–	- 0,01
8	- 1,24	- 1,50	–	- 0,73
9	- 2,05	- 2,23	–	- 1,46

Um zu erkennen, welche Unterschiede zwischen den Leistungen der Probanden 1 – 9 bestehen, empfiehlt es sich, deren Konfidenzintervalle der z-Werte untereinander maßstabgerecht auf zum Beispiel Millimeterpapier festzuhalten.

Eher geringe Überlappungen bestehen zwischen den unter Nummer 1 und 2, 2 und 3, 3 und 5, 7 und 8 sowie 8 und 9 aufgeführten Probanden. Bei ihnen kann von wirklichen Leistungsunterschieden ausgegangen werden. Gleichheit der Leistungen besteht bei den Probanden mit den Nummern 3 und 4 sowie 5, 6 und 7.

Beispiel hierfür möge Variante 9 der Notenskalen sein mit der Schulnote $SN = 3 - z$

Note	SN = Note + 0,5	Standardnormalverteilung		kumulierte Flächenanteile = 1 minus Wert aus Spalte 4	Notenanteil		
		$z = 3 - SN$	Flächen-anteil [29]		relativ	prozentual	
						%	gerun-det
1	1,5	1,5	0,9332	0,0668	0,067	6,7	7
2	2,5	0,5	0,6915	0,3085	0,242 [28]	24,2	24
3	3,5	– 0,5	0,3085	0,6915	0,383	38,3	38
4	4,5	– 1,5	0,0668	0,9332	0,242	24,2	24
5	5,5			1,0000	0,067	6,7	7

[28] In Spalte 5 werden die Werte aus der Zeile n vom Wert aus der Zeile n+1 subtrahiert; hier: 0,3085 – 0,0668 = 0,242.

[29] Der Flächenanteil 0,9332 wird ermittelt anhand des Wertes z = 1,5 auf Seite 119 in der Tabelle auf den Seiten 114 ff.

Ausgehend von dem Beispiel auf Seite 102 wird nachfolgend gezeigt, wie durch Änderung der Formeln für die Standardschulnoten nach Lienert Einfluss auf die Notenverteilung genommen werden kann:

Notenverteilung bei Änderung der Formeln SN für die Standardschulnoten nach Lienert		
Beispiel [30]	Schulnote SN	Kommentar
1	$2,5 - z$	Starke Zunahme der guten Noten auf Kosten der schlechten Noten.
2	$2,5 - 1,25 z$	Deutliche Zunahme der besseren Noten. Bestehensrate = 94,5 % und 89,5 %.
3	$3 - 1,2 z$	
4	$3 - 0,8 z$	Zunahme der Durchschnittsnote 3, Abnahme sehr guter und sehr schlechter Noten.
5	$3,5 - z$	Zunahme schlechter Noten. Abnahme guter Noten und der Noten im mittleren Bereich.
6	$3,5 - 0,8 z$	
7	$3,5 - 1,2 z$	Geringe Abnahme guter und schlechter Noten zugunsten des mittleren Bereiches.
8	$4 - 1,25 z$	Starke Zunahme der schlechten Noten auf Kosten der guten Noten.

---

[30] Die Beispiele fußen auf Abwandlungen der Varianten 9 und 10 der Notenskalen. Auch die Kommentare beziehen sich auf die Standardschulnoten nach Lienert (vgl. die Seiten 34 und 37).

Beispiel 1

der Transformation von z-Werten in Notenskalen mit

$$SN = 2,5 - z$$

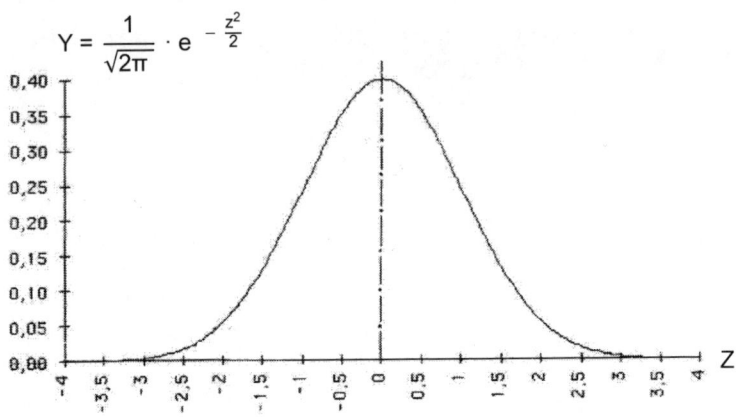

$$Y = \frac{1}{\sqrt{2\pi}} \cdot e^{-\frac{z^2}{2}}$$

Note	SN = Note + 0,5	Standardnormalverteilung		Notenanteil	
		$z = 2,5 - SN$	kumulierte Flächenanteile	relativ	%
1	1,5	1	0,8413	0,159	15,9
2	2,5	0	0,5000	0,341	34,1
3	3,5	−1	0,8413	0,341	34,1
4	4,5	− 2	0,9772	0,136	13,6
5	5,5		1,0000	0,023	2,3

Beispiel 2

der Transformation von z-Werten in Notenskalen mit

$SN = 2{,}5 - 1{,}25\,z$

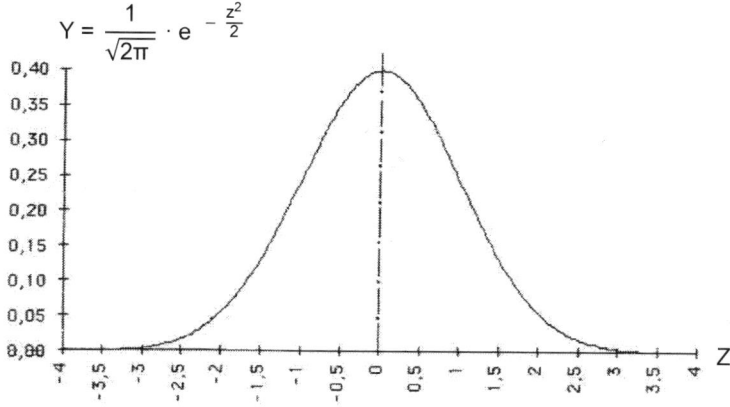

$$Y = \frac{1}{\sqrt{2\pi}} \cdot e^{-\frac{z^2}{2}}$$

Note	SN = Note + 0,5	Standardnormalverteilung		Notenanteil	
		$z = \dfrac{2{,}5 - SN}{1{,}25}$	kumulierte Flächenanteile	relativ	%
1	1,5	0,8	0,2119	0,212	21,2
2	2,5	0	0,5000	0,288	28,8
3	3,5	− 0,8	0,7881	0,288	28,8
4	4,5	− 1,6	0,9452	0,157	15,7
5	5,5	− 2,4	0,9918	0,047	4,7
6	6,5		1,0000	0,008	0,8

Beispiel 3

der Transformation von z-Werten in Notenskalen mit

$$SN = 3 - 1,2\ z$$

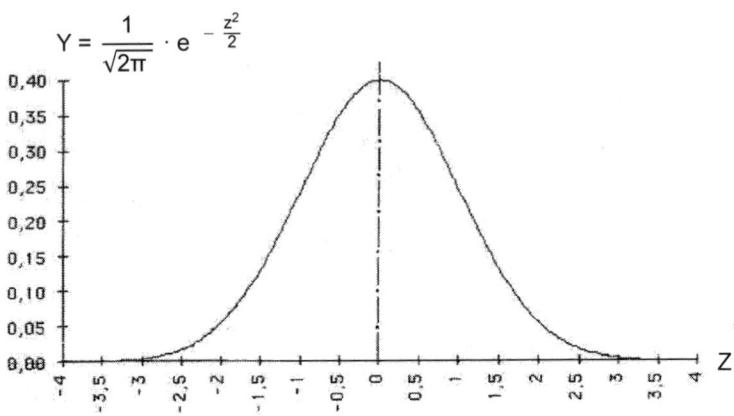

$$Y = \frac{1}{\sqrt{2\pi}} \cdot e^{-\frac{z^2}{2}}$$

Note	SN = Note + 0,5	Standardnormalverteilung		Notenanteil	
		$z = \dfrac{3-SN}{1,2}$	kumulierte Flächenanteile	relativ	%
1	1,5	1,25	0,1057	0,106	10,6
2	2,5	0,41$\overline{6}$	0,3385	0,233	23,3
3	3,5	− 0,41$\overline{6}$	0,6615	0,323	32,3
4	4,5	− 1,25	0,8944	0,233	23,3
5	5,5	− 2,08$\overline{3}$	0,9814	0,087	8,7
6	6,5		1,0000	0,019	1,9

Beispiel 4

der Transformation von z-Werten in Notenskalen mit

SN = 3 − 0,8 z

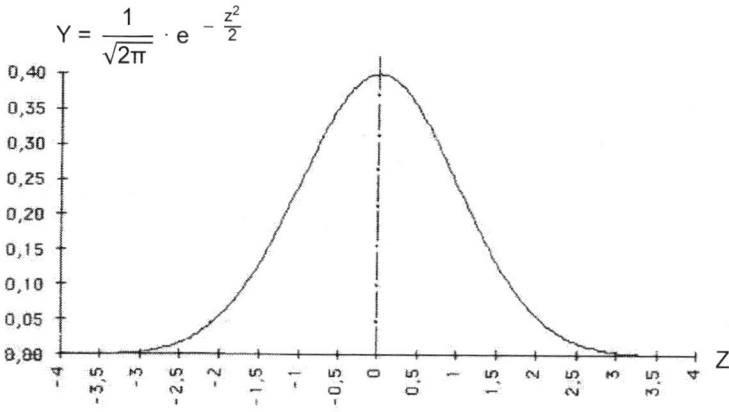

$$Y = \frac{1}{\sqrt{2\pi}} \cdot e^{-\frac{z^2}{2}}$$

Note	SN = Note + 0,5	Standardnormalverteilung $z = \dfrac{3 - SN}{0,8}$	kumulierte Flächenanteile	Notenanteil relativ	%
1	1,5	1,875	0,0304	0,030	3,0
2	2,5	0,625	0,2660	0,236	23,6
3	3,5	− 0,625	0,7340	0,468	46,8
4	4,5	− 1,875	0,9696	0,236	23,6
5	5,5		1,0000	0,030	3,0

Beispiel 5

der Transformation von z-Werten in Notenskalen mit

$$SN = 3,5 - z$$

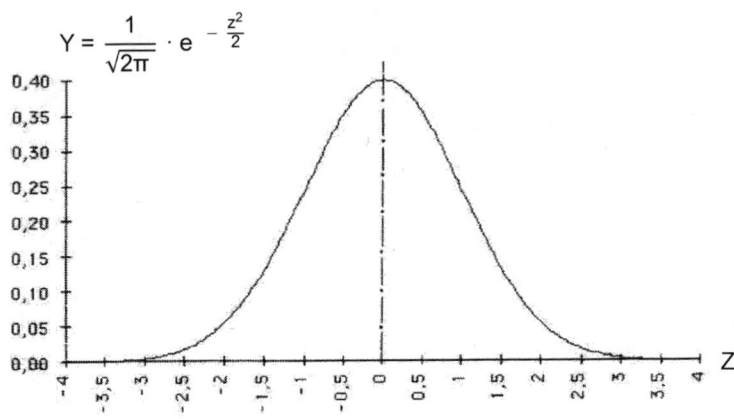

$$Y = \frac{1}{\sqrt{2\pi}} \cdot e^{-\frac{z^2}{2}}$$

Note	SN = Note + 0,5	Standardnormalverteilung		Notenanteil	
		$z = 3,5 - SN$	kumulierte Flächenanteile	relativ	%
1	1,5	2	0,0228	0,023	2,3
2	2,5	1	0,1587	0,136	13,6
3	3,5	0	0,5000	0,341	34,1
4	4,5	− 1	0,8413	0,341	34,1
5	5,5	− 2	0,9773	0,136	13,6
6	6,5		1,0000	0,023	2,3

Beispiel 6

der Transformation von z-Werten in Notenskalen mit

$SN = 3,5 - 0,8\ z$

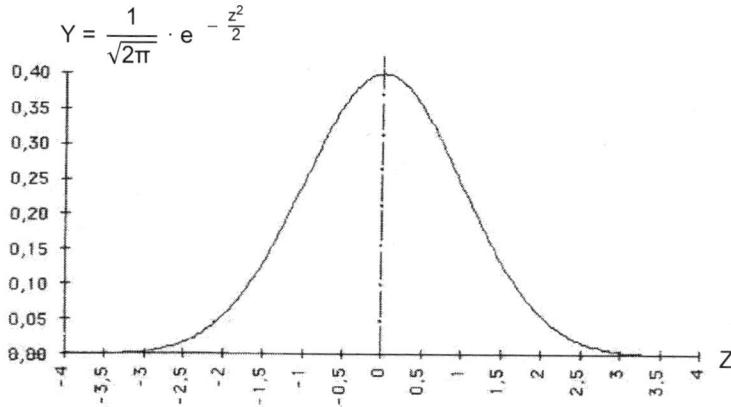

$$Y = \frac{1}{\sqrt{2\pi}} \cdot e^{-\frac{z^2}{2}}$$

Note	SN = Note + 0,5	Standardnormalverteilung		Notenanteil	
		$z = \dfrac{3,5 - SN}{0,8}$	kumulierte Flächenanteile	relativ	%
1	1,5	2,5	0,0062	0,006	0,6
2	2,5	1,25	0,1057	0,099	9,9
3	3,5	0	0,5000	0,394	39,4
4	4,5	− 1,25	0,8944	0,394	39,4
5	5,5	− 2,5	0,9938	0,099	9,9
6	6,5		1,0000	0,006	0,6

Beispiel 7

der Transformation von z-Werten in Notenskalen mit

$$SN = 3,5 - 1,2\,z$$

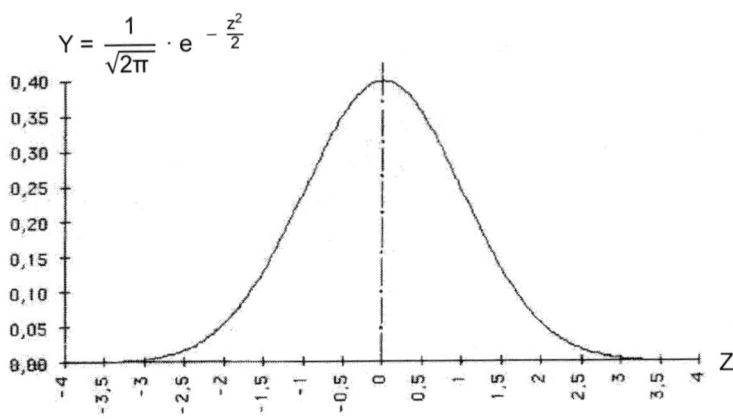

$$Y = \frac{1}{\sqrt{2\pi}} \cdot e^{-\frac{z^2}{2}}$$

Note	SN = Note + 0,5	Standardnormalverteilung		Notenanteil	
		$z = \dfrac{3,5 - SN}{1,2}$	kumulierte Flächenanteile	relativ	%
1	1,5	$1,\overline{6}$	0,0478	0,048	4,8
2	2,5	$0,8\overline{3}$	0,2023	0,155	15,5
3	3,5	0	0,5000	0,298	29,8
4	4,5	$-0,8\overline{3}$	0,7977	0,298	29,8
5	5,5	$-1,\overline{6}$	0,9522	0,155	15,5
6	6,5		1,0000	0,048	4,8

Beispiel 8

der Transformation von z-Werten in Notenskalen mit

SN = 4 − 1,25 z

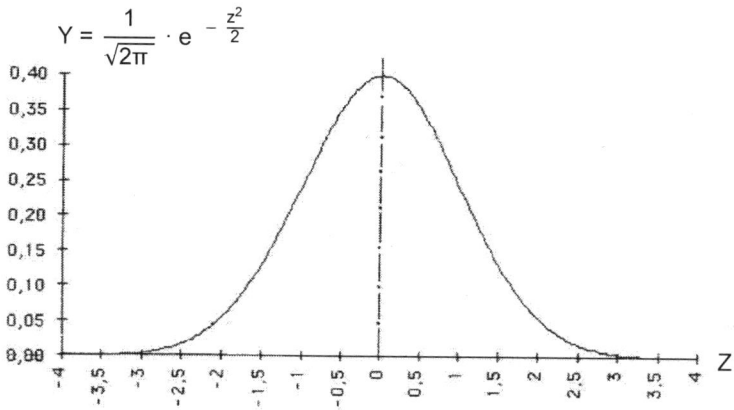

$$Y = \frac{1}{\sqrt{2\pi}} \cdot e^{-\frac{z^2}{2}}$$

Note	SN = Note + 0,5	Standardnormalverteilung		Notenanteil	
		$z = \dfrac{4 - SN}{1,25}$	kumulierte Flächenanteile	relativ	%
1	1,5	2	0,0228	0,023	2,3
2	2,5	1,2	0,1151	0,092	9,2
3	3,5	0,4	0,3446	0,230	23,0
4	4,5	− 0,4	0,6554	0,311	31,1
5	5,5	− 1,2	0,8849	0,230	23,0
6	6,5		1,0000	0,115	11,5

7.5.1 Formular zum Gestalten normorientierter Notenskalen

mit der Schulnote SN = a − b · z

Note	SN = Note + 0,5	Standardnormalverteilung			Notenanteil [31]		
		$z = \dfrac{a - SN}{b}$	Flächen-anteil	kumulierte Flächenanteile = 1 minus Wert aus Spalte 4	relativ	prozentual	
						%	gerun-det
1	1,5						
2	2,5						
3	3,5						
4	4,5						
5	5,5						
6	6,5			1,0000			

a =

b =

7.6 Pearsons Formel zur Berechnung der Schiefe nicht normalverteilter Daten

Das **Pearsonsche Schiefe-Maß** [32] wird berechnet nach

$$PSM = \frac{\bar{x} - 1,5 \cdot (N+1) + 2 \cdot \bar{x}}{\sigma}$$

Mit den Daten auf Seite 24 wird

$$PSM = \frac{12,96 - 1,5 \cdot (26+1) + 2 \cdot 12,96}{9,66}$$

$$PSM = -0,168.$$

Bei Symmetrie ist PSM = 0, bei linksschiefen bzw. rechtssteilen Verteilungen negativ und bei rechtsschiefen bzw. linkssteilen Verteilungen positiv.

Die nicht normalverteilten Daten auf Seite 24 sind demnach leicht linksschief bzw. rechtssteil. Deshalb überwiegen bei den Probanden die positiven z-Werte der Standardnormalverteilung. Also werden etwas mehr gute als schlechte Noten erzielt.

---

[32] Vgl. Heller und Rosemann 1974, S. 106.

7.7 z-Werte und Flächen der Standardnormalverteilung [33]

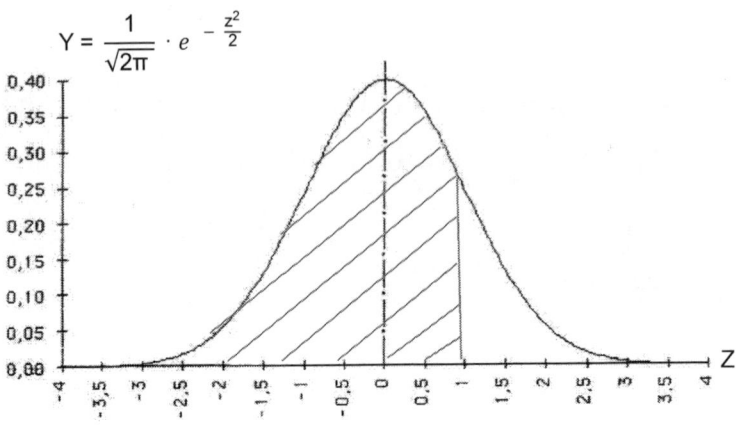

$$Y = \frac{1}{\sqrt{2\pi}} \cdot e^{-\frac{z^2}{2}}$$

z-Wert	Fläche	z-Wert	Fläche	z-Wert	Fläche
− 3,00	0,0013	− 2,88	0,0020	− 2,76	0,0029
− 2,99	0,0014	− 2,87	0,0021	− 2,75	0,0030
− 2,98	0,0014	− 2,86	0,0021	− 2,74	0,0031
− 2,97	0,0015	− 2,85	0,0022	− 2,73	0,0032
− 2,96	0,0015	− 2,84	0,0023	− 2,72	0,0033
− 2,95	0,0016	− 2,83	0,0023	− 2,71	0,0034
− 2,94	0,0016	− 2,82	0,0024	− 2,70	0,0035
− 2,93	0,0017	− 2,81	0,0025	− 2,69	0,0036
− 2,92	0,0018	− 2,80	0,0026	− 2,68	0,0037
− 2,91	0,0018	− 2,79	0,0026	− 2,67	0,0038
− 2,90	0,0019	− 2,78	0,0027	− 2,66	0,0039
− 2,89	0,0019	− 2,77	0,0028	− 2,65	0,0040

---

[33] Vgl. Glass, Gene V. et al.: Statistical methods in education and psychology, pp. 513 – 519. New Yersey: Prentice-Hall. Englewood Cliffs 1970.

z-Wert	Fläche	z-Wert	Fläche	z-Wert	Fläche
− 2,64	0,0041	− 2,32	0,0102	− 2,00	0,0228
− 2,63	0,0043	− 2,31	0,0104	− 1,99	0,0233
− 2,62	0,0044	− 2,30	0,0107	− 1,98	0,0239
− 2,61	0,0045	− 2,29	0,0110	− 1,97	0,0244
− 2,60	0,0047	− 2,28	0,0113	− 1,96	0,0250
− 2,59	0,0048	− 2,27	0,0116	− 1,95	0,0256
− 2,58	0,0049	− 2,26	0,0119	− 1,94	0,0262
− 2,57	0,0051	− 2,25	0,0122	− 1,93	0,0268
− 2,56	0,0052	− 2,24	0,0125	− 1,92	0,0274
− 2,55	0,0054	− 2,23	0,0129	− 1,91	0,0281
− 2,54	0,0055	− 2,22	0,0132	− 1,90	0,0287
− 2,53	0,0057	− 2,21	0,0136	− 1,89	0,0294
− 2,52	0,0059	− 2,20	0,0139	− 1,88	0,0301
− 2,51	0,0060	− 2,19	0,0143	− 1,87	0,0307
− 2,50	0,0062	− 2,18	0,0146	− 1,86	0,0314
− 2,49	0,0064	− 2,17	0,0150	− 1,85	0,0322
− 2,48	0,0066	− 2,16	0,0154	− 1,84	0,0329
− 2,47	0,0068	− 2,15	0,0158	− 1,83	0,0336
− 2,46	0,0069	− 2,14	0,0162	− 1,82	0,0344
− 2,45	0,0071	− 2,13	0,0166	− 1,81	0,0351
− 2,44	0,0073	− 2,12	0,0170	− 1,80	0,0359
− 2,43	0,0075	− 2,11	0,0174	− 1,79	0,0367
− 2,42	0,0078	− 2,10	0,0179	− 1,78	0,0375
− 2,41	0,0080	− 2,09	0,0183	− 1,77	0,0384
− 2,40	0,0082	− 2,08	0,0188	− 1,76	0,0392
− 2,39	0,0084	− 2,07	0,0192	− 1,75	0,0401
− 2,38	0,0087	− 2,06	0,0197	− 1,74	0,0409
− 2,37	0,0089	− 2,05	0,0202	− 1,73	0,0418
− 2,36	0,0091	− 2,04	0,0207	− 1,72	0,0427
− 2,35	0,0094	− 2,03	0,0212	− 1,71	0,0436
− 2,34	0,0096	− 2,02	0,0217	− 1,70	0,0446
− 2,33	0,0099	− 2,01	0,0222	− 1,69	0,0455

z-Wert	Fläche	z-Wert	Fläche	z-Wert	Fläche
− 1,68	0,0465	− 1,36	0,0869	−1,04	0,1492
− 1,67	0,0475	− 1,35	0,0885	− 1,03	0,1515
− 1,66	0,0485	− 1,34	0,0901	− 1,02	0,1539
− 1,65	0,0495	− 1,33	0,0918	− 1,01	0,1562
− 1,64	0,0505	− 1,32	0,0934	− 1,00	0,1587
− 1,63	0,0516	− 1,31	0,0951	− 0,99	0,1611
− 1,62	0,0526	− 1,30	0,0968	− 0,98	0,1635
− 1,61	0,0537	− 1,29	0,0985	− 0,97	0,1660
− 1,60	0,0548	− 1,28	0,1003	− 0,96	0,1685
− 1,59	0,0559	− 1,27	0,1020	− 0,95	0,1711
− 1,58	0,0571	− 1,26	0,1038	− 0,94	0,1736
− 1,57	0,0582	− 1,25	0,1056	− 0,93	0,1762
− 1,56	0,0594	− 1,24	0,1075	− 0,92	0,1788
− 1,55	0,0606	− 1,23	0,1093	− 0,91	0,1814
− 1,54	0,0618	− 1,22	0,1112	− 0,90	0,1841
− 1,53	0,0630	− 1,21	0,1131	− 0,89	0,1867
− 1,52	0,0643	− 1,20	0,1151	− 0,88	0,1894
− 1,51	0,0655	− 1,19	0,1170	− 0,87	0,1922
− 1,50	0,0668	− 1,18	0,1190	− 0,86	0,1949
− 1,49	0,0681	− 1,17	0,1210	− 0,85	0,1977
− 1,48	0,0694	− 1,16	0,1230	− 0,84	0,2005
− 1,47	0,0708	− 1,15	0,1251	− 0,83	0,2033
− 1,46	0,0721	− 1,14	0,1271	− 0,82	0,2061
− 1,45	0,0735	− 1,13	0,1292	− 0,81	0,2090
− 1,44	0,0749	− 1,12	0,1314	− 0,80	0,2119
− 1,43	0,0764	− 1,11	0,1335	− 0,79	0,2148
− 1,42	0,0778	− 1,10	0,1357	− 0,78	0,2177
− 1,41	0,0793	− 1,09	0,1379	− 0,77	0,2206
− 1,40	0,0808	− 1,08	0,1401	− 0,76	0,2236
− 1,39	0,0823	− 1,07	0,1423	− 0,75	0,2266
− 1,38	0,0838	− 1,06	0,1446	− 0,74	0,2296
− 1,37	0,0853	− 1,05	0,1469	− 0,73	0,2327

z-Wert	Fläche	z-Wert	Fläche	z-Wert	Fläche
− 0,72	0,2358	− 0,37	0,3557	− 0,02	0,4920
− 0,71	0,2389	− 0,36	0,3594	− 0,01	0,4960
− 0,70	0,2420	− 0,35	0,3632	0	0,5000
− 0,69	0,2451	− 0,34	0,3669	0,01	0,5040
− 0,68	0,2483	− 0,33	0,3707	0,02	0,5080
− 0,67	0,2514	− 0,32	0,3745	0,03	0,5120
− 0,66	0,2546	− 0,31	0,3783	0,04	0,5160
− 0,65	0,2578	− 0,30	0,3821	0,05	0,5199
− 0,64	0,2611	− 0,29	0,3859	0,06	0,5239
− 0,63	0,2643	− 0,28	0,3897	0,07	0,5279
− 0,62	0,2676	− 0,27	0,3936	0,08	0,5319
− 0,61	0,2709	− 0,26	0,3974	0,09	0,5359
− 0,60	0,2749	− 0,25	0,4013	0,10	0,5398
− 0,59	0,2776	− 0,24	0,4052	0,11	0,5438
− 0,58	0,2810	− 0,23	0,4090	0,12	0,5478
− 0,57	0,2843	− 0,22	0,4129	0,13	0,5517
− 0,56	0,2877	− 0,21	0,4168	0,14	0,5557
− 0,55	0,2912	− 0,20	0,4207	0,15	0,5596
− 0,54	0,2946	− 0,19	0,4247	0,16	0,5636
− 0,53	0,2981	− 0,18	0,4286	0,17	0,5675
− 0,52	0,3015	− 0,17	0,4325	0,18	0,5714
− 0,51	0,3050	− 0,16	0,4364	0,19	0,5753
− 0,50	0,3085	− 0,15	0,4404	0,20	0,5793
− 0,49	0,3121	− 0,14	0,4443	0,21	0,5832
− 0,48	0,3156	− 0,13	0.4483	0,22	0,5871
− 0,47	0,3192	− 0,12	0,4522	0,23	0,5910
− 0,46	0,3228	− 0,11	0,4404	0,24	0,5948
− 0,45	0,3264	− 0,10	0,4443	0,25	0,5987
− 0,44	0,3300	− 0,09	0.4483	0,26	0,6026
− 0,43	0,3336	− 0,08	0,4522	0,27	0,6064
− 0,42	0,3372	− 0,07	0,4562	0,28	0,6103
− 0,41	0,3409	− 0,06	0,4602	0,29	0,6141
− 0,40	0,3446	− 0,05	0,4641	0,30	0,6179
− 0,39	0,3483	− 0,04	0,4681	0,31	0,6217
− 0,38	0,3520	− 0,03	0,4721	0,32	0,6255

z-Wert	Fläche	z-Wert	Fläche	z-Wert	Fläche
0,33	0,6293	0,69	0,7549	1,05	0,8531
0,34	0,6331	0,70	0,7580	1,06	0,8554
0,35	0,6368	0,71	0,7611	1,07	0,8577
0,36	0,6406	0,72	0,7642	1,08	0,8599
0,37	0,6443	0,73	0,7673	1,09	0,8621
0,38	0,6480	0,74	0,7704	1,10	0,8643
0,39	0,6517	0,75	0,7734	1,11	0,8665
0,40	0,6554	0,76	0,7764	1,12	0,8686
0,41	0,6591	0,77	0,7794	1.13	0,8708
0,42	0,6628	0,78	0,7823	1,14	0,8729
0,43	0,6664	0,79	0,7852	1,15	0,8749
0,44	0,6700	0,80	0,7881	1,16	0,8770
0,45	0,6736	0,81	0,7910	1,17	0,8790
0,46	0,6772	0,82	0,7939	1,18	0,8810
0,47	0,6808	0,83	0,7967	1,19	0,8830
0,48	0,6844	0,84	0,7995	1,20	0,8849
0,49	0,6879	0,85	0,8023	1,21	0,8869
0,50	0,6915	0,86	0,8051	1,22	0,8888
0,51	0,6950	0,87	0,8078	1,23	0,8907
0,52	0,6985	0,88	0,8106	1,24	0,8925
0,53	0,7019	0,89	0,8133	1,25	0,8944
0,54	0,7054	0,90	0,8159	1,26	0,8962
0,55	0,7088	0,91	0,8186	1,27	0,8980
0,56	0,7123	0,92	0,8212	1,28	0,8997
0,57	0,7157	0,93	0,8238	1,29	0,9015
0,58	0,7190	0,94	0,8264	1,30	0,9032
0,59	0,7224	0,95	0,8289	1,31	0,9049
0,60	0,7257	0,96	0,8315	1,32	0,9066
0,61	0,7291	0,97	0,8340	1,33	0,9082
0,62	0,7324	0,98	0,8365	1,34	0,9099
0,63	0,7357	0,99	0,8389	1,35	0,9115
0,64	0,7389	1.00	0,8413	1,36	0,9131
0,65	0,7422	1,01	0,8438	1,37	0,9147
0,66	0,7454	1,02	0,8461	1,38	0,9162
0,67	0,7486	1,03	0,8485	1,39	0,9177
0,68	0,7517	1,04	0,8508	1,40	0,9192

z-Wert	Fläche	z-Wert	Fläche	z-Wert	Fläche
1,41	0,9207	1,77	0,9616	2,13	0,9834
1,42	0,9222	1,78	0,9625	2,14	0,9838
1,43	0,9236	1,79	0,9633	2,15	0,9842
1,44	0,9251	1,80	0,9641	2,16	0,9846
1,45	0,9265	1,81	0,9649	2,17	0,9850
1,46	0,9279	1,82	0,9656	2,18	0,9854
1,47	0,9292	1,83	0,9664	2,19	0,9857
1,48	0,9306	1,84	0,9671	2,20	0,9861
1,49	0,9319	1,85	0,9678	2,21	0,9864
1,50	0,9332	1,86	0,9686	2,22	0,9868
1,51	0,9345	1,87	0,9693	2,23	0,9871
1,52	0,9357	1,88	0,9699	2,24	0,9875
1,53	0,9370	1,89	0,9706	2,25	0,9878
1,54	0,9382	1,90	0,9713	2,26	0,9881
1,55	0,9394	1,91	0,9719	2,27	0,9884
1,56	0,9406	1,92	0,9726	2,28	0,9887
1,57	0,9418	1,93	0,9732	2,29	0,9890
1,58	0,9429	1,94	0,9738	2,30	0,9893
1,59	0,9441	1,95	0,9744	2,31	0,9896
1,60	0,9452	1,96	0,9750	2,32	0,9898
1,61	0,9463	1,97	0,9756	2,33	0,9901
1,62	0,9474	1,98	0,9761	2,34	0,9904
1,63	0,9484	1,99	0,9767	2,35	0,9906
1,64	0,9495	2,00	0,9772	2,36	0,9909
1,65	0,9505	2,01	0,9778	2,37	0,9911
1,66	0,9515	2,02	0,9783	2,38	0,9913
1,67	0,9525	2,03	0,9788	2,39	0,9916
1,68	0,9535	2,04	0,9793	2,40	0,9918
1,69	0,9545	2,05	0,9798	2,41	0,9920
1,70	0,9554	2,06	0,9803	2,42	0,9922
1,71	0,9564	2,07	0,9808	2,43	0,9925
1,72	0,9573	2,08	0,9812	2,44	0,9927
1,73	0,9582	2,09	0,9817	2,45	0,9929
1,74	0,9591	2,10	0,9821	2,46	0,9931
1,75	0,9599	2,11	0,9826	2,47	0,9932
1,76	0,9608	2,12	0,9830	2,48	0,9934

z-Wert	Fläche	z-Wert	Fläche	z-Wert	Fläche
2,49	0,9936	2,67	0,9962	2,85	0,9978
2,50	0,9938	2,68	0,9963	2,86	0,9979
2,51	0,9940	2,69	0,9964	2,87	0,9979
2,52	0,9941	2,70	0,9965	2,88	0,9980
2,53	0,9943	2,71	0,9966	2,89	0,9981
2,54	0,9945	2,72	0,9967	2,90	0,0081
2,55	0,9946	2,73	0,9968	2,91	0,9982
2,56	0,9948	2,74	0,9969	2,92	0,9982
2,57	0,9949	2,75	0,9970	2,93	0,9983
2,58	0,9951	2,76	0,9971	2,94	0,9984
2,59	0,9952	2,77	0,9972	2,95	0,9984
2,60	0,9953	2,78	0,9973	2,96	0,9985
2,61	0,9955	2,79	0,9974	2,97	0,9985
2,62	0,9956	2,80	0,9974	2,98	0,9986
2,63	0,9957	2,81	0,9975	2,99	0,9986
2,64	0,9959	2,82	0,9976	3,00	0,9987
2,65	0,9960	2,83	0,9977		
2,66	0,9961	2,84	0,9977		

7.8 Agenda	
Wenn Sie wissen möchten, ...	*dann* wird Ihnen geholfen auf der/den Seite/n
Allgemeine Hilfen	
wie bei der Notengebung vorzugehen ist?	2
wie man eigene normorientierte Tests erstellt?	102 und 112
welchen Einfluss eigene normorientierte Tests auf die Notengebung haben?	103 - 111
wie die mit den ausgewählten Notenskalen erzielten Ergebnisse interpretiert werden können?	48 - 50
wie die in der gymnasialen Oberstufe erworbenen Punktwerte in Noten umgerechnet werden?	98 f.
Spezielle Hilfen	
ob die Punktwerte der Probanden normalverteilt sind?	1 und 16 f.
wie die Punktwerte der Probanden – wenn eine Normalverteilung vorliegt - in z-Werte umgerechnet werden?	18
mit welcher Variante der Notenskalen 1 – 10 den z-Werten der Probanden eine Note zugeordnet werden kann?	20 und 26 - 39

Agenda	
Wenn Sie wissen möchten, ...	*dann* wird Ihnen geholfen auf der/den Seite/n
mit welcher Variante der Notenskalen in standardisierten Schultests den Probanden eine Note zugeordnet wird?	27
wie die Punktwerte der Probanden – wenn *keine* Normalverteilung vorliegt – durch Flächentransformation in T-Werte umgerechnet werden können?	22
mit welcher Variante der Notenskalen 1 – 10 den T-Werten der Probanden eine Note zugeordnet werden kann?	20 und 26 - 39
wie die Punktwerte der Probanden – wenn *keine* Normalverteilung vorliegt – *ohne* Flächentransformation in z-Werte umgerechnet werden können?	24
wie das Pearsonsche Schiefemaß dieser Verteilung berechnet wird?	113
wie festgestellt werden kann, ob die z- bzw. T-Werte der Probanden Leistungsunterschiede erkennen lassen?	100 f.
wo die hierzu notwendigen Konfidenzintervalle der von den Probanden erreichten z- bzw. T-Werte abgelesen werden können?	S. 56 – 72 bzw. 73 - 98

Notizen

Notizen

Zeitfracht Medien GmbH
Ferdinand-Jühlke-Straße 7
99095 Erfurt, Deutschland
produktsicherheit@kolibri360.de